SUPPLÉMENT
AU
COURS D'HISTOIRE DE MM. GAUTHIER ET DESCHAMPS

HISTOIRE
DE
L'ALGÉRIE

PAR

A. RENARD

Inspecteur primaire à Mostaganem,
Officier de l'Instruction publique.

> « L'histoire de la contrée, de la province, de la ville natale, est la seule où notre âme s'attache par un intérêt patriotique ; les autres peuvent nous sembler curieuses, instructives, dignes d'admiration, mais elles ne touchent point de cette manière. »
> AUGUSTIN THIERRY.

PARIS
LIBRAIRIE HACHETTE ET Cie
79, BOULEVARD SAINT-GERMAIN, 79

1909

PREMIÈRE PÉRIODE

I. — LES ORIGINES DE L'ALGÉRIE — ÉPOQUE BERBÈRE

1. Le Moghreb. — L'Algérie fait partie d'une vaste région que les Arabes désignent sous le nom de *Moghreb* et qui comprend, outre l'Algérie, la Tunisie à l'est et le Maroc à l'ouest. Ses premiers habitants furent les Berbères, d'où le nom de *Berbérie* ou *États barbaresques* qu'on lui donne encore. Malgré les invasions des peuples étrangers, la race berbère s'est conservée à peu près intacte dans certaines régions de l'Algérie : Kabyles dans le Djurjura, Chaouias dans l'Aurès, Mzabites et Touaregs dans le Sahara ; quoique variés, les dialectes parlés par ces peuplades proviennent de la même langue, la langue berbère, et, bien que différentes suivant les régions, leurs mœurs ont beaucoup de traits communs.

TYPE ARABE

2. Caractère et mœurs des Berbères. — Les Berbères étaient grands, robustes, résistants à la fatigue et aux privations. Ceux qui s'établirent au bord de la mer eurent de bonne heure des relations d'affaires avec les marchands orientaux et européens ; ils se civilisèrent à leur contact, bâtirent des villes et connurent un certain confort ; ce furent les *Maures*. Ceux qui se fixèrent dans les régions montagneuses eurent une vie plus laborieuse, plus rude ; ils se livrèrent au travail agricole et se construisirent, comme leurs descendants le font encore aujourd'hui, d'étroites maisons groupées en villages au sommet des montagnes ; sédentaires, ils furent de tout temps très jaloux de leur indépendance. Ceux enfin qui peuplèrent les grandes plaines ou les plateaux de l'intérieur s'adonnèrent à la vie pastorale ; ils menèrent une vie vagabonde, s'abritant sous la tente ou le gourbi ; ce furent les *Numides* (nomades), cavaliers agiles et infatigables, vivant du pillage et du vol (razzias) beaucoup plus que du produit de leurs troupeaux.

3. État du pays — Jusqu'à l'arrivée des Romains, l'agriculture, le commerce et l'industrie des Berbères restèrent rudimentaires. Un peu de blé et d'orge, quelques fruits (raisins, olives), voilà, avec l'élevage, tout ce qu'ils demandaient au sol. Quelques échanges sur les marchés constituaient toutes leurs transactions. Enfin leur industrie consistait uniquement dans la fabrication de quelques objets de première nécessité : vêtements, tissus grossiers pour la couverture de la tente, poteries, outils et ustensiles.

LES BERBÈRES

LECTURE — **Origine des Berbères**

Il est assez logique de croire que, parmi les Berbères, les uns sont, comme les Israélites, les descendants des nombreux prisonniers que les Pharaons tirent en Asie et qu'ils employèrent, chez eux, à bâtir des villes et des pyramides. Les historiens anciens rapportent que ces prisonniers, accablés de travail et épuisés de misères, se révoltèrent à différentes époques; un grand nombre s'échappèrent, les uns se dirigeant vers l'Orient, comme les Israélites, et les autres vers l'Occident où ils finirent par s'établir. D'autres Berbères, bruns comme les premiers, seraient venus de l'Asie Mineure soit par mer, soit par l'Égypte. D'autres enfin, les blonds, seraient venus de l'Europe par le détroit de Gibraltar ou la mer de Sicile. Cette double origine des Berbères semble prouvée non seulement par les caractères physiques qui les distinguent, mais aussi par les monuments que nous ont laissés leurs ancêtres.

V. LARGEAU. *Le Pays de Rirha* (Hachette et Cie, édit.).

LECTURE — **Les Berbères dans le Sahara**

Tout porte à croire que ce n'est qu'à l'époque de la conquête romaine que les Berbères pénétrèrent dans le Sahara. Celles de leurs tribus qui ne vou-

NOMADES SAHARIENS

lurent pas accepter le joug du peuple-roi franchirent en masse l'Atlas, chassèrent comme des bêtes fauves les peuples de race noire non seulement pour s'emparer de leurs terres, mais encore pour les vendre comme esclaves sur les marchés du Nord. Sous leur domination, certaines grandes vallées sahariennes se couvrirent de villages et des lignes continues de verdoyants jardins, dont on retrouve encore les restes à chaque pas, s'étalèrent sur les rives des fleuves. Refoulés à leur tour par d'autres conquérants, ils se répandirent dans le Grand Désert où nous les voyons encore aujourd'hui errants sous le nom de *Touaregs*. Un petit nombre seulement parvint à se maintenir dans quelques oasis, tels les *Mzabites*.

V. LARGEAU. *Le Sahara algérien* (Hachette et Cie, édit.).

DEUXIÈME PÉRIODE

II. — ÉPOQUE PHÉNICIENNE — CARTHAGE

ANNIBAL

4. Les Phéniciens. — Près de mille ans avant notre ère, les côtes du Moghreb furent visitées par les *Phéniciens*, peuple de marins, de commerçants et de pirates, originaire des côtes orientales de la Méditerranée. Parcourant les rivages méditerranéens, ils fondèrent partout des comptoirs, transportant de l'un à l'autre les productions des divers pays qu'ils visitaient ou les échangeant contre des produits de leur propre industrie : étoffes de pourpre, ornements d'ivoire, d'or et d'argent, verroterie, etc. Plusieurs de ces comptoirs devinrent des villes importantes.

5. Carthage. — La plus célèbre fut *Carthage*, bâtie à 12 kilomètres de l'emplacement actuel de Tunis. Rapidement maîtresse des côtes et des îles méditerranéennes, Carthage acquit par le négoce des richesses considérables ; sa population atteignit 700 000 habitants ; elle eut des flottes, une armée (ses fantassins se recrutaient surtout parmi les paysans berbères, ses cavaliers parmi les Numides). Mais sa puissance, qui reposait uniquement sur la force, ne fut qu'éphémère. Haïs des Indigènes, qu'ils avaient réduits à l'état de serfs et qu'ils exploitaient, mal servis par une armée de mercenaires indisciplinés, divisés par des rivalités d'intérêts, les Carthaginois ne purent conserver leur prépondérance en face de la puissance grandissante des Romains.

6. Lutte contre Rome ; chute de Carthage. — Après une lutte de plus d'un siècle marquée par trois grandes guerres (guerres puniques[1], 264-146 av. J.-C.), qui eurent successivement pour théâtre la Sicile, l'Italie et l'Afrique et dans lesquelles s'illustrèrent *Annibal* du côté des Carthaginois et *Scipion* du côté des Romains, les Carthaginois succombèrent : leur capitale fut prise et un incendie qui dura dix-sept jours la détruisit de fond en comble.

7. Influence de Carthage en Afrique. — L'influence de Carthage, cette riche et aristocratique cité, s'exerça principalement sur la Tunisie actuelle, mais elle se fit sentir aussi sur le reste du Moghreb. Des ports nombreux et prospères furent créés sur le littoral ; de grands marchés s'ouvrirent à l'intérieur ; l'agricul-

---

[1] « Punique » vient de Pœni, mot par lequel les Romains désignaient les Carthaginois. L'expression « foi punique » est synonyme de « mauvaise foi », de perfidie.

ture se développa par suite de la facilité des échanges. La langue punique continua à être parlée par les Indigènes jusqu'à l'arrivée des Turcs et la religion phénicienne (paganisme) ne disparut que devant le christianisme.

LECTURE — Siège de Carthage.

Les poutres et les boiseries des maisons servirent à faire une nouvelle flotte; on porta l'or et l'argent chez les armuriers pour qu'ils en fissent des armes; les femmes donnèrent leurs cheveux pour en faire des câbles et des

VUE DES PORTS DE CARTHAGE

cordages. Pour avoir raison de cette résistance, Scipion entoura la grande cité d'un fossé et d'un mur et bloqua le port au moyen d'une digue immense. Alors les Carthaginois creusèrent dans le roc un long canal par lequel leurs nouveaux vaisseaux gagnèrent la haute mer et faillirent battre les galères romaines. Mais Scipion l'emporta et prit d'assaut les deux enceintes de la ville; ses soldats durent faire le siège de celle-ci rue par rue et maison par maison; hommes, femmes, enfants moururent en défendant leurs demeures; six jours et six nuits durant, l'épouvantable massacre ne cessa point; le septième enfin, les assiégeants arrivèrent à la citadelle; les derniers défenseurs de Carthage se rendirent. La ville fut livrée au pillage; le feu fut mis partout. Des temples fastueux, des demeures princières, des richesses immenses de cette vaillante cité, il ne resta plus que des débris informes et des ruines désolées.

CAT. *Histoire de l'Algérie* (A. Jourdan, Alger, édit.).

TROISIÈME PÉRIODE

III. — DOMINATION ROMAINE

8. La politique romaine. — Maîtres de l'Afrique du Nord, les Romains, prudents, se bornent à prendre pour leur compte le seul territoire qui dépendait directement de Carthage (l'*Ifrikia* ou *Africa*, correspondant à peu près à la Tunisie actuelle). Ils conservent les rois berbères de l'intérieur (Numidie, Maurétanie), auxquels ils demandent simplement de se montrer dociles et de payer tribut. Ils reprennent et continuent l'œuvre des Carthaginois : l'agriculture reçoit un nouvel essor, les relations commerciales se multiplient, l'industrie se développe ; de grandes villes se fondent, rapidement prospères. *Utique* remplace Carthage comme capitale.

9. Révolte de Jugurtha. — Cette période n'est troublée que par la révolte de *Jugurtha*, roi de Numidie, prince brave et beau, mais ambitieux et cruel, qui essaie de secouer le joug de Rome. Après avoir maintes fois mis en péril les légions romaines par sa tactique et la soudaineté de ses attaques, il succombe enfin, livré par son beau-père, roi de Maurétanie, au général romain Marius. L'*Abd-el-Kader de l'antiquité* est jeté dans un cachot où on le laisse mourir de faim.

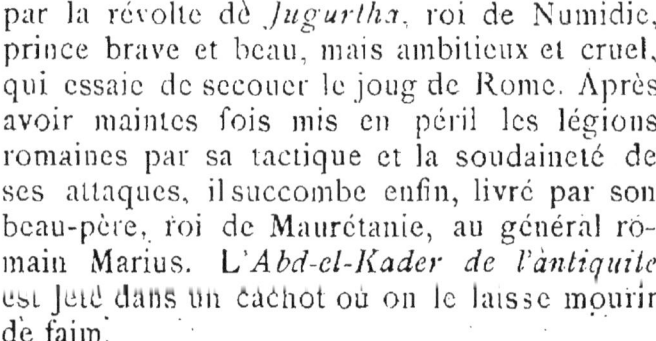
JUGURTHA

10. L'influence romaine. — Ce fut la seule tentative d'indépendance. Se contentant d'un titre fastueux mais illusoire, les rois de Numidie et de Maurétanie, se jalousant et se détestant les uns les autres, incapables de s'unir, ne songent plus à la délivrance commune, mais, au contraire, se laissent gagner par l'influence romaine qui les pénètre peu à peu, eux et leurs sujets. Le plus célèbre d'entre eux, *Juba II*, élevé à Rome où il a reçu une haute culture intellectuelle, et tout dévoué à sa patrie d'adoption, se fait l'éducateur de son peuple. Il attire dans ses États des étrangers, des Latins surtout, qui développent l'agriculture, le commerce et l'industrie et amènent les Indigènes à mieux exploiter les ressources de leur pays. Des villes, des grandes fermes s'élèvent ; *Césarée* (Cherchell), la capitale, se couvre de monuments, palais, théâtres, bains, statues, et une population nombreuse se presse dans ses murs et dans les environs (ruines de Tipaza).

11. La conquête définitive. — Toutefois il ne fallut pas moins de deux cents ans à Rome pour s'annexer définitivement l'Afrique du Nord et la conquête, bien que prudente et progressive, ne fut pas toujours pacifique (expéditions contre les nomades du Sud et

VUE GÉNÉRALE DE CHERCHELL

des Hauts-Plateaux qui venaient piller les riches campagnes du Tell).

LECTURE — Les armées romaines et les armées françaises en Afrique.

Jugurtha nous rappelle tout à fait Abd-el-Kader, comme les revers et les succès de l'armée romaine rappellent l'histoire de notre armée. Au début, elle ne connaît ni l'ennemi qu'elle combat, ni le pays qu'elle veut soumettre. Elle tente en plein hiver d'enlever Suthul de vive force, comme nous l'avons fait à la première expédition de Constantine. Elle se laisse surprendre par ces cavaliers indomptables qui l'attendent à tous les passages difficiles, cachés derrière les broussailles ou les touffes d'oliviers. Comment n'être pas déconcertés par ces alertes imprévues? Ils attaquent sans qu'on les ait vus venir; ils sont partis avant qu'on se soit mis en défense; et, comme ils ont des chevaux infatigables qui gravissent au galop les pentes les plus escarpées, il est impossible de les poursuivre.

Heureusement on se décide à envoyer contre Jugurtha un homme de sens et d'expérience, Métellus, qui comprend qu'il faut donner à ses hommes d'autres habitudes. Il leur apprend, quand les cavaliers ennemis approchent, à se former rapidement en cercle et à les recevoir sur la pointe de leurs piques. Il renonce à ces grandes expéditions qui ne mènent à rien, même quand elles réussissent, et les remplace par des attaques hardies, des razzias, comme nous les appelons, où il renverse les gourbis, brûle les récoltes, emmène les troupeaux. Il habitue le soldat à faire des marches forcées de nuit, dans le désert, emportant avec ses armes des outres pleines d'eau, et à paraître à l'improviste devant des villes qui se croyaient suffisamment défendues par la solitude et la soif. Tout cela, nous l'avons fait, nous aussi.

G. BOISSIER. *L'Afrique romaine* (Hachette et Cⁱᵉ, édit.).

TROISIÈME PÉRIODE (Suite)

IV. — DOMINATION ROMAINE (Suite)

12. La civilisation romaine en Afrique. — La domination romaine marqua fortement son empreinte dans l'Afrique du Nord et le spectacle des ruines, dont certaines vraiment grandioses, qui se rencontrent encore de nos jours sur de nombreux points de la Tunisie et de l'Algérie (notamment à *Lambèse*, *Timgad*, *Cherchell*), témoigne d'une prospérité incomparable en même temps que d'une civilisation avancée, raffinée même. Sur le littoral, s'élevèrent des villes nombreuses, peuplées de marchands, d'artisans et de riches bourgeois, décorées de constructions luxueuses et de beaux monuments. A l'intérieur, se créèrent de grandes exploitations où l'on pratiquait, comme de nos jours, avec la culture du blé, des fruits, de la vigne, l'élevage des troupeaux. Les terres, habilement irriguées, donnaient des récoltes abondantes : l'*Afrique était le grenier de Rome*. Pour faciliter les échanges et relier entre eux les divers points du territoire, de grandes et belles routes dallées furent construites, les unes longeant le littoral, les autres allant du littoral à l'intérieur (voies de pénétration), un réseau de chemins, dont on retrouve encore les traces, couvrait le pays. Le commerce était florissant ; on expédiait en Italie blé, bestiaux, huile d'olive, fruits, bois précieux, marbres ; on en recevait des tissus et des objets fabriqués.

RUINES ROMAINES A DOUGGA

13. Causes de faiblesse. — Toutefois il faut reconnaître que cette prospérité est limitée à un nombre infime d'individus et que la masse du peuple reste misérable. C'est qu'en effet la propriété, fort peu morcelée, appartient tout entière à l'Empereur et à une douzaine de grands personnages romains. Rares sont les Indigènes qui ont conservé, moyennant redevance, la jouissance de leurs terres. La multitude est composée de *serfs*, sortes de khammès, qui passent leur rude vie là où ils sont nés et se vendent avec la terre, et surtout d'*esclaves*, occupés aux durs travaux des champs ou de l'industrie. Dans les régions montagneuses, où l'autorité impériale ne s'exerce que par l'intermédiaire de chefs indigènes brutaux et cupides, le paysan berbère continue à vivre d'une vie misérable, n'ayant qu'une hutte sordide pour habitation, des peaux de bêtes ou des loques pour vêtement, quelques fruits et un pain grossier pour nourriture.

LES ROMAINS (Suite)

14. Décadence. — Aussi les rancunes du peuple indigène, sourdement accumulées, finissent par se dresser en face de l'opulence des maîtres; les révoltes deviennent de plus en plus graves, renaissantes aussitôt que réprimées; si bien que lorsqu'apparaît le *christianisme*, qui proclame l'égalité et la fraternité des hommes, les pauvres et les opprimés accueillent la nouvelle religion comme une libératrice. Puis, déçus dans leurs espérances, ils se divisent en plusieurs sectes ennemies les unes des autres et se livrent à une véritable guerre civile, envahissant les campagnes et portant avec eux le pillage et la mort. A la faveur de ces troubles, entretenus par le fanatisme, les insurrections se généralisent; les gouverneurs en ont de plus en plus difficilement raison : c'est la ruine progressive de l'autorité impériale et, par suite, de l'influence romaine.

LECTURE — **Une ancienne ville romaine : Timgad.**

Une porte triomphale flanquée de corps de garde et ornée de statues dont les piédestaux sont encore en place s'ouvre sur une large rue dallée bordée de portiques qui conduit en droite ligne au forum. C'est sur cette vaste place

TIMGAD — RUE ET PORTE TRIOMPHALE — *Photo Neurdein*

rectangulaire que se réunissait le peuple de Timgad ; on y entre par un escalier qu'encadraient des statues équestres; une galerie en décorait les quatre côtés; c'est là qu'étaient disposées les statues des dieux et des empereurs; sur ses côtés s'élevaient la basilique civile et ses dépendances, la tribune aux harangues devant le temple de la Victoire, la curie où siégeait le Sénat, la prison, des boutiques et quelques pièces qui servaient aux réunions. Tout près était le théâtre avec sa colonnade et ses vingt-cinq rangs de gradins; du haut de son enceinte, la vue embrasse dans son ensemble toute la partie déblayée de la ville : les rues, jalonnées de colonnes, qui se coupent à angle droit et se perdent au loin dans la campagne, les portiques, les thermes et les basiliques et, dominant le tout, le Capitole et l'Arc de Trajan.

RENÉ FAGE, *Vers les Steppes et les Oasis* (Hachette et Cie, édit.).

QUATRIÈME PÉRIODE

V. — INVASION VANDALE — CONQUÊTE BYZANTINE

15. Les Vandales. — C'est au moment où, grâce à son énergie et à ses talents, saint Augustin, évêque d'Hippone (Bône), était parvenu à apaiser les querelles religieuses, que l'Afrique du Nord fut envahie par un peuple d'origine germanique, les *Vandales*, établis en Espagne à la suite des Grandes Invasions. Conduits par leur chef *Genséric*, ces Barbares se jetèrent sur le Moghreb, dont les riches cités et les terres fécondes excitaient leur convoitise. Ils se partagèrent le pays après l'avoir terrorisé par leurs atrocités : incendie des villes, destruction des récoltes et des arbres, massacre des personnes sans distinction de sexe (vandalisme). *Carthage*, restaurée, devint leur capitale.

Les Vandales, qui constituaient plutôt une horde guerrière qu'une nation, ne modifièrent pas les institutions existantes ; ils se contentèrent de jouir de leur conquête, menant une vie de plaisirs, et perdirent ainsi peu à peu leur énergie primitive.

16. Les Byzantins. — Aussi ne purent-ils résister longtemps

L'EMPEREUR JUSTINIEN ET SA COUR : MOSAÏQUE DE SAN VITALE, A RAVENNE

aux empereurs de *Byzance* (Constantinople), qui avaient conçu le projet de restaurer à leur profit l'ancienne Afrique romaine et, en même temps, de mettre un terme aux ravages qu'exerçaient sur les côtes de la Méditerranée les vaisseaux corsaires de Carthage.

LES VANDALES — LES BYZANTINS

Après des alternatives de succès et de revers, la puissance des Vandales fut complètement ruinée par *Bélisaire*, général de l'empereur Justinien. Un grand nombre retournèrent en Europe ou émigrèrent en Orient ; les autres se fondirent dans la population indigène. L'empire vandale n'avait duré qu'un siècle.

17. Décadence byzantine. — A leur tour, les empereurs de Byzance, successeurs de Justinien, ne surent pas conserver leur conquête. Les Indigènes, toujours mécontents et d'ailleurs ruinés par le fisc, se tournèrent contre leurs nouveaux maîtres et se rendirent peu à peu indépendants. La domination byzantine, qui dura un peu plus d'un siècle, ne fut qu'une longue suite de révoltes, de guerres et de razzias.

LECTURE — **Genséric**.

En dix ans, Genséric eut un empire puissant. Il avait la soif de l'or ; ses vaisseaux corsaires ravagèrent toutes les côtes méditerranéennes ; les îles Baléares, la Sardaigne, la Sicile tombèrent en son pouvoir ; il semblait que le vieil empire de Carthage renaissait non pour le commerce mais pour la ruine et le pillage, ou mieux encore, que les Berbères, unis aux Vandales, s'essayaient pour la piraterie de l'avenir. Un jour, appelé par un parti qui s'était formé dans Rome, Genséric avec ses navires fait voile pour l'Italie, débarque à l'embouchure du Tibre et entre dans Rome sans défense. Pendant quatorze jours, ses soldats pillent la luxueuse cité : « l'or, l'argent, les statues des dieux et des héros, les étoffes, les meubles précieux, même le dôme en bronze doré qui recouvrait le Capitole, tout fut entassé sur ses vaisseaux »[1] qui emmenèrent en outre 70 000 captifs.

Toutefois Genséric échoua comme tous les fondateurs d'empire qui ne s'appuient que sur la force et qui ne se soutiennent que par la puissance de leur génie. Ses enfants furent incapables de supporter le poids de son œuvre et il emporta dans la tombe toute la grandeur de son peuple.

E. Cat, *Histoire de l'Algérie* (A. Jourdan, Alger, édit.).

LECTURE — **L'époque byzantine**.

Maîtres de l'Afrique du Nord pendant un siècle, les Byzantins relèvent en hâte les murs des cités romaines : ils ramassent à pied d'œuvre les matériaux, dans les ruines toutes neuves ; ils bâtissent des citadelles, flanquées de tours et munies de chemins de ronde, ils posent des fortins aux débouchés des cols. Puis, comme ils sont particulièrement ardents aux luttes religieuses, ils multiplient, orthodoxes contre hérétiques, les monuments religieux. Mais tout cela sent l'improvisation, ce n'est pas le travail calme de la vigueur romaine. Haïdra (près de Thala, en Tunisie) laisse bien voir la différence entre les architectes qui ont édifié l'arc de triomphe de Septime-Sévère, et les maçons pressés qui, pour défendre la colline par une muraille rectangulaire, entassèrent des chapiteaux de colonnes tombées parmi des moëllons à peine dégrossis.

La domination byzantine, malgré le soin qu'elle mit à se fortifier, n'eut pas le temps de s'enraciner par la colonisation.

Henri Lorin, *L'Afrique du Nord* (Armand Colin, édit.).

[1] M. Wahl, *L'Algérie*.

CINQUIÈME PÉRIODE

VI. — DOMINATION ARABE

18. Origine des Arabes. — Les *Arabes* sont originaires de l'*Arabie*, grande presqu'île située au sud-ouest de l'Asie, pays désolé et brûlant, presque entièrement formé de steppes immenses où vivent des tribus nomades indépendantes, belliqueuses et pillardes (Bédouins).

19. Mahomet et l'Islamisme. — Ennemie les unes des autres, n'ayant ni langue, ni culte, ni intérêts communs, ces tribus reçurent de *Mahomet*[1], dans la première moitié du viie siècle, une religion nouvelle, l'*islamisme*[2]. Sous l'autorité du *Prophète* (les Arabes désignent ainsi Mahomet), elles ne tardèrent pas à former un peuple uni, redoutable, ayant, avec la même foi, les mêmes aspirations et la même passion de prosélytisme. Aussi, moins de dix ans après la mort de Mahomet, les Arabes avaient-ils déjà conquis et converti à l'islam l'Asie Mineure, la Perse et l'Égypte.

20. Conquête de l'Afrique du Nord. — Bien que méfiants à l'égard du Moghreb, ce « lointain perfide », ils ne tardent pas néanmoins à l'envahir. Une première expédition, commandée par le farouche *Okba*, traverse comme une trombe le pays jusqu'à l'Atlantique. Surpris au retour par les Berbères de l'Aurès, Okba se fait tuer bravement avec les 300 hommes qui lui restent. Son tombeau, vénéré par les Indigènes, se trouve dans l'oasis qui porte son nom (*Sidi-Okba*, près de Biskra). Il avait fondé *Kairouan*, la ville sainte tunisienne.

Une deuxième expédition, dirigée par *Hassan*, gouverneur de l'Égypte, chasse les Byzantins de Carthage et, malgré un échec que lui inflige une princesse berbère, la *Kahina* (prophétesse), dans les montagnes de l'Aurès, rend les Arabes maîtres de l'Afrique du Nord.

A partir de ce moment, et pour les mêmes raisons qu'ils avaient embrassé le christianisme (haine de la domination étrangère et besoin d'indépendance; espoir de plus de justice et d'égalité), les Berbères se convertissent en grand nombre à l'islamisme, associent leur sort à celui de leurs vainqueurs et participent à leurs conquêtes.

21. Les Arabes en Espagne. — L'un d'eux, *Tarik*, franchit le premier le détroit qui porte son nom (Djebel al Tarik, montagne de Tarik; actuellement Gibraltar) et commence la conquête de

---

1. Né à La Mecque. Cette ville est un lieu de pèlerinage célèbre.
2. La doctrine islamique est contenue dans le Coran, qui est devenu l'évangile et le code des Musulmans.

LES ARABES

l'Espagne. Pendant plusieurs années, Arabes et Berbères ravagent la péninsule; de là, ils pénètrent en Gaule; mais, battus à *Poitiers* par Charles-Martel (732), ils sont contraints de revenir sur leurs pas.

Grâce à eux, après les désordres de la conquête, l'Espagne connaît une ère de prospérité et de grandeur : l'agriculture se perfectionne; de nombreux et splendides jardins se créent autour des villes et, dans quelques-unes de celles-ci, se dressent de somptueux monuments, véritables chefs-d'œuvre de l'art arabe.

BATAILLE DE POITIERS

LECTURE — Le Coran.

Lorsque Mahomet prêchait, ses fidèles notaient en hâte ses paroles sur des feuilles de palmier, des omoplates de mouton, des pierres. Après sa mort, l'on réunit et l'on transcrivit tous ces fragments qui constituent le Coran.

Le Coran est, pour les Musulmans, le livre par excellence, remplaçant tous les autres et contenant toute science. Il renferme la loi civile aussi bien que la loi religieuse; c'est, aujourd'hui encore, dans tous les pays musulmans, le livre du juge aussi bien que celui du prêtre.

La doctrine musulmane se résume dans les dogmes suivants : Dieu (Allah) est le créateur de toutes choses, le souverain juge. Il détermine à l'avance la destinée de chacun et rien ne peut modifier sa volonté ; c'est la doctrine du *fatalisme*. Il communique avec les hommes par des prophètes : Mahomet est le dernier et le plus grand d'entre eux. Après leur mort, les hommes sont jugés par Dieu; les méchants et les impies seront poussés à la Géhenne (l'enfer); les croyants entreront au Paradis, jardin de délices où ils se reposeront sur des sièges ornés d'or et de pierreries et où ils auront à souhait les fruits qu'ils désireront et la chair des oiseaux les plus rares. Pour mériter le Paradis, il faut accomplir les pratiques du culte, c'est-à-dire faire cinq prières par jour; observer chaque année le jeûne pendant le mois de Rhamadan; venir, s'il est possible, une fois en sa vie en pèlerinage à la Mecque; donner aux pauvres d'abondantes aumônes.

Ce qui caractérise surtout l'Islamisme, c'est qu'il est une *religion de guerre*, qui promet à ses fidèles du butin sur la terre et des récompenses matérielles dans le Ciel. C'est ce qui explique en partie sa diffusion rapide et les progrès qu'il fait encore de nos jours parmi les peuplades d'Afrique.

ALBERT MALET, *Le Moyen Âge* (Hachette et Cⁱᵉ, édit.).

CINQUIÈME PÉRIODE (Suite)

VII. — DOMINATION ARABE (Suite)

22. Luttes entre Arabes et Berbères. — Mais des causes de discorde entre Arabes et Berbères ne tardent pas à surgir. Pour satisfaire les besoins de leurs Khalifes (sultans), les gouverneurs arabes pressurent les Berbères ; de là des mécontentements, des révoltes et enfin la guerre civile entre adeptes de sectes religieuses différentes et également fanatiques. La domination arabe va s'affaiblissant ; des royautés berbères se fondent sur plusieurs points. Un prince berbère qui se fait passer pour le *Mahdi* (Envoyé) chasse de leurs provinces les princes arabes, leur prend leur capitale Kairouan et fait reconnaître son autorité dans tout le Moghreb. Ses successeurs s'emparent de l'Égypte et le *Caire* devient leur capitale.

23. Invasion des Hillals. — A cette période de conquêtes va succéder une ruine complète. Jetées sur l'Afrique du Nord par un sultan du Caire qui veut punir la tentative d'indépendance d'un gouverneur de Kairouan, des tribus nomades d'Arabie, farouches et pillardes, les *Hilals*, au nombre d'un million, suivant certains historiens, se ruent sur le Moghreb. Pendant dix ans, « semblables à des nuées de sauterelles », ces nouveaux Vandales pillent les villes, incendient maisons et palais, brûlent les villages, détruisent les forêts, en un mot, sèment partout le désert derrière eux. L'Afrique ne se releva jamais de ces ruines.

24. Dernier éclat de la puissance arabe. — Pourtant aux xiiie et xive siècles, trois royaumes arabes eurent leur heure de célébrité et de grandeur : le *royaume de Tunis*, dont les sultans furent un moment les chefs religieux de tout l'Islam (croisade de saint Louis), le *royaume de Tlemcen*, centre d'une brillante civilisation, et le *royaume de Fez*, qui se distingua surtout par ses conquêtes ; mais leur gloire fut de courte durée.

25. Influence des Arabes en Afrique. — L'invasion arabe a exercé une influence considérable sur les destinées du Moghreb. D'abord, elle a jeté en Berbérie un million d'hommes qui, après maintes pérégrinations, se fixèrent définitivement dans le pays ; ce sont leurs descendants, plus ou moins mitigés de sang berbère, qui peuplent aujourd'hui les plaines du Tell, les Hauts-Plateaux et le Sud de l'Algérie. Ensuite, elle y a implanté une religion qui est devenue un lien social puissant et qui a fait naître chez les Indigènes, avec l'unité de croyances, cette communauté de sentiments, de mœurs, d'aspirations que nous constatons encore aujourd'hui. Enfin, elle y a introduit une civilisation qui, à certains

LES ARABES (Suite)

moments, brilla du plus vif éclat et dont il nous reste encore quelques débris imposants.

Mais, divisée et, par suite, impuissante, ruinée par des luttes incessantes, déprimée par le fatalisme qui la condamne à l'inaction, la société musulmane entre rapidement en décadence.

LECTURE — L'Art arabe.

L'architecture arabe est caractérisée par ses colonnes fines et très élancées empruntées à la Perse, les arcs aux formes très variées, en fer à cheval, en ogive, en pointe, les coupoles empruntées à l'art byzantin. Les monuments arabes n'ont ni la simplicité des monuments grecs ni l'imposante solidité des monuments romains; ils donnent une impression d'extrême légèreté et de rêve; leur charme et leur originalité sont dans la décoration faite de faïences aux couleurs vives, de stucs, de plâtres finement ajourés et découpés, avec mille figures géométriques entrelacées, des caractères d'écriture, des guirlandes de feuillages imaginaires, tout ce que nous appelons les *arabesques*. Les Arabes ont élevé bien des palais et des mosquées; mais soit que les constructions fussent faites en matériaux peu solides, soit manque d'entretien, la plupart ont aujourd'hui disparu [1].

L'ART ARABE
Fragment de porte de la Mosquée de Tolède, aujourd'hui la Cathédrale.

Les palais arabes, comme jadis les palais assyriens et les maisons grecques et romaines, comme aujourd'hui encore les maisons en Algérie, n'offraient au dehors que des murs nus et sans ouvertures. Ils se composaient d'une série de pièces ouvrant sur des portiques à colonnes, qui entouraient des jardins intérieurs ornés de fontaines aux eaux jaillissantes.

Les mosquées comprenaient, et comprennent encore aujourd'hui, une grande salle où l'on ne trouve rien qu'une chaire pour le prêtre, une cour avec un portique et un bassin où les fidèles peuvent faire leurs ablutions avant la prière, enfin une ou plusieurs tours, les *minarets*, du haut desquels le crieur, le *muezzin*, appelle les fidèles à la prière.

ALBERT MALET. *Le Moyen Age* Hachette et Cie, édit.).

[1]. En Espagne subsistent quelques-uns des monuments les plus célèbres : la Grande Mosquée à Cordoue, l'Alhambra (palais) à Grenade.

SIXIÈME PÉRIODE

VIII. — DOMINATION TURQUE

26. Les frères Barberousse. — Au commencement du XVIe siècle, deux hardis corsaires, les frères Barberousse, venus de l'Archipel, implantent dans l'Afrique du Nord la domination turque. L'un, *Aroudj*, offre ses services au sultan de Tunis à qui il promet de reprendre Boûgie. D'abord repoussé, il se retire à Djidjelli dont les habitants, pirates comme lui, le choisissent comme chef. Appelé par les habitants d'Alger qui veulent chasser les Espagnols du peñon[1], il accourt, s'établit avec sa bande dans la ville après en avoir fait massacrer le chef, s'empare de Ténès et fait reconnaître son autorité jusqu'à Tlemcen. L'autre, *Khéreddine*, qui succède à son frère dont il a été le compagnon de luttes, fait hommage de ses États au Sultan de Constantinople qui, en récompense de cette libéralité, le reconnaît comme chef de la Régence d'Alger. Fort de l'aide et de la protection de son suzerain, Khéreddine chasse les Espagnols d'Alger et rase le peñon dont les matériaux servent à construire le môle qui abrite le port.

27. La Piraterie. — Alger devient le repaire des redoutables pirates barbaresques. Montés sur des vaisseaux légers et rapides, ces écumeurs des mers, recrutés parmi les bandits de tous les pays, s'élancent à la poursuite des vaisseaux marchands, les capturent et les ramènent à Alger. La cargaison est vendue à leur profit; matelots et passagers sont traités en esclaves; on les emploie à travailler dans les champs ou dans les bagnes ou à ramer sur les galères. Ceux des captifs qui appartiennent à des familles riches sont achetés et revendus comme une marchandise et leur rachat est négocié moyennant une rançon souvent considérable.

28. Intervention de l'Europe. — Charles-Quint entreprit deux expéditions contre les pirates barbaresques. Dans la première, il s'empara de Tunis où il trouva, dit-on, 20 000 chrétiens captifs. Dans la seconde, dirigée contre Alger, il éprouva un humiliant échec et faillit perdre sa flotte assaillie par une tempête.

Sous le règne de Louis XIV, l'amiral Duquesne vint bombarder Alger; les Turcs se vengèrent en attachant à la bouche de leurs

---

1. Après avoir chassé les Arabes de la péninsule, les Espagnols avaient, à leur tour, dès le début du XVIe siècle, porté la guerre en Afrique, occupé successivement Mers-el-Kébir, Oran, Bougie, Tripoli et édifié devant Alger, sur un îlot qui barre l'entrée du port, une forteresse, le peñon. Maîtres du littoral, ils auraient pu facilement occuper le pays tout entier; ils préférèrent se porter vers le Nouveau-Monde et délaissèrent leurs possessions d'Afrique qui leur échappèrent les unes après les autres.

Avant eux, les Portugais, profitant de l'anarchie qui régnait dans le Moghreb, s'étaient emparés de tout le littoral marocain, Tétouan, Ceuta, Tanger. Comme les Espagnols, ils perdirent peu à peu leur conquête.

LES TURCS

canons le consul de France et 22 autres Français qui périrent ainsi dans un supplice abominable. L'amiral d'Estrées renouvela l'expédition et bombarda de nouveau Alger où il ne laissa plus debout que 800 maisons sur 10 000. Cette fois encore, les Turcs exercèrent de cruelles représailles en massacrant 43 de nos compatriotes, dont notre consul.

Au XVIIIe siècle, l'Espagne voulut, elle aussi, réprimer la piraterie, dont elle avait particulièrement à souffrir. Oran fut pris, mais la flotte échoua devant Alger.

Enfin, au commencement du XIXe siècle, l'Angleterre tenta à son tour contre Alger un sérieux effort. 34 000 projectiles furent lancés par l'escadre de l'amiral Exmouth; une partie de la flotte turque fut détruite ainsi que les 300 bouches à feu des batteries de terre; l'arsenal et les riches quartiers furent incendiés. Pas plus que les précédentes, cette rude leçon ne produisit le résultat espéré.

En définitive, c'était à la France qu'allait échoir la tâche difficile de dompter et de disperser ce ramassis de forbans qui, depuis trois siècles, tenait en échec les grandes nations de l'Europe.

LECTURE — *Charles-Quint devant Alger*.

Le débarquement se fit presque sans coup férir sur la rive gauche de l'Harrach[1]. Dès le lendemain, l'armée, après plusieurs engagements, s'empara des hauteurs voisines, notamment de celle où fut élevé plus tard le Fort l'Empereur (sur l'emplacement, dit-on, de la tente de Charles-Quint). Mais la pluie commença à tomber; comme on n'avait pas encore pu débarquer les tentes, les soldats furent obligés de coucher dans la boue. Fatigués par deux nuits sans sommeil, engourdis par la pluie et le froid, ils cédèrent au premier choc.

En même temps, une tempête violente se déchaînait dans la rade; 150 bâtiments furent jetés à la côte, presque tout le matériel, vivres, munitions, tentes, artillerie était perdu; L'armée mit trois jours pour gagner le cap Matifou; le temps était toujours mauvais, les terres défoncées, les rivières grossies par les pluies; les hommes, privés de nourriture et de sommeil, glacés par le froid, jetaient leurs armes qu'ils n'avaient plus la force de porter et se couchaient dans la boue, se livrant au couteau des Algériens. L'Empereur commanda le rembarquement, et les débris de la flotte, après avoir encore beaucoup souffert dans le port de Bougie, regagnèrent à grand'peine l'Espagne.

CHARLES-QUINT
D'après le portrait du Titien.

E. CAT, *Histoire de l'Algérie* (A. Jourdan, Alger, édit.).

1. Petite rivière qui se jette à l'est de la baie d'Alger.

SIXIÈME PÉRIODE (Suite)

IX. — DOMINATION TURQUE (Suite)

29. Le Gouvernement turc. — La Régence d'Alger, d'abord vassale du sultan de Constantinople, s'était affranchie peu à peu de cette suzeraineté. Véritable république militaire, elle était dirigée en fait par un corps de troupes, une milice, que l'on appelait *les Janissaires*, soldats ambitieux et violents, toujours à court d'argent, habiles à conspirer et, au besoin, à massacrer dans un but de basse cupidité. Le chef de la Régence, *le Dey*, était choisi

ALGER. VUE GÉNÉRALE PRISE DE LA CASBA

par eux; son conseil, *le Divan*, était composé de leurs officiers. C'est le Dey qui nommait les trois *beys* de Constantine, Titteri (Médéa) et Oran, mais avec l'assentiment du Divan; son autorité était fictive et à chaque instant il se trouvait à la merci de sa milice[1].

Les beys avaient pour principale mission de faire rentrer les impôts. Ce n'était pas chose facile : d'abord, certaines peuplades, tels les Kabyles, se refusèrent toujours à acquitter leurs taxes et ne purent y être contraintes; puis, comme il fallait toujours procéder les armes à la main, on avait imaginé d'exempter de l'impôt certaines tribus indigènes à condition qu'elles aideraient à recou-

---

[1]. En butte aux révoltes, aux séditions, la plupart des Deys sont morts de mort violente.

LES TURCS (Suite)

vrer la contribution due par les autres; d'où de fréquentes occasions de conflits.

Les finances de la Régence étaient généralement dans une situation précaire. Lorsque les impôts ne rentraient pas régulièrement ou ne donnaient qu'un revenu insuffisant, on avait recours aux taxes exceptionnelles, aux confiscations. Il n'y avait dans l'administration ni probité, ni contrôle; le meilleur des recettes passait en gratifications, en cadeaux, quand ce n'était pas en détournements. Les revenus réguliers ne suffisant pas, on demandait le complément à la piraterie, qui s'élevait ainsi au rang d'une institution quasi nationale.

30. Résultats de la domination turque. — Sous la domination turque, la situation des Indigènes subit un mouvement de recul qui ramena le pays aux plus mauvais jours de son histoire. Les pratiques agricoles enseignées par les Romains furent abandonnées et leurs admirables travaux hydrauliques délaissés; peu à peu les champs de céréales firent place aux broussailles; les terres, de moins en moins cultivées, ne produisirent plus de quoi nourrir les habitants, d'où des famines fréquentes suivies de terribles épidémies. De nombreuses villes, n'étant plus alimentées par le commerce et l'industrie, se dépeuplèrent rapidement pour disparaître ensuite. Ce fut l'anéantissement de la colonisation romaine, le retour à la vie primitive et misérable.

Mais la France va venir dans ce pays pour le régénérer. Après l'avoir arrosé du sang de ses soldats, elle le fécondera de la sueur de ses colons et, généreusement, le fera participer aux bienfaits de la civilisation.

LECTURE — *Alger au temps des Turcs*.

Il reste peu de chose de l'Alger des deys; cependant les ruelles étroites de la haute ville peuvent encore en donner une idée. C'étaient les mêmes maisons basses, muettes, penchées les unes vers les autres, laissant à peine filtrer un rayon de lumière. Dans cet espace étroit grouillait toute une multitude : Turcs, Coulouglis, Arabes, Maures, Juifs, Kabyles, Biskris (200 000 habitants, d'après un résident français du XVIIe siècle). Quand un navire entrait dans la darse, arborant fièrement le pavillon vert semé d'étoiles, tout se ruait vers la marine; c'était le moment d'acheter, de vendre, de spéculer. Parfois, si l'on avait capturé quelque barque espagnole chargée de vin, les pauvres diables d'esclaves se grisaient à bon marché : ils avaient ainsi leur part de liesse.

A de certains jours, toute la ville devenait morne : les rues étaient désertes, les maisons closes; la milice venait d'égorger le dey; les Coulouglis se révoltaient; une escadre européenne lançait à toute volée ses boulets et ses bombes; mais, l'orage passé, on reprenait avec insouciance la vie accoutumée.

M. WAHL, *L'Algérie* (Félix Alcan, édit.).

SEPTIÈME PÉRIODE

LA FRANCE EN ALGÉRIE

X. — EXPÉDITION D'ALGER

31. Causes. — Bien avant 1830, la France possédait sur certains points du littoral algérien, notamment à *La Calle*, des pêcheries de corail. Ces établissements payaient à la Régence une redevance annuelle. Fixée à 90000 francs, le dey *Hussein* prétendit l'élever à 300000 ; de là une tention de rapports qui ne fit que s'accentuer à l'occasion de l'affaire Busnach et Bakri. Ces deux négociants, sujets algériens, avaient fourni au Directoire et au Consulat des grains qui n'avaient jamais été intégralement payés. Le Dey, qui était intéressé dans l'affaire, se montrait impatient de son règlement. La veille du Beïram[1] (27 avril 1827), il interpella violemment, devant les représentants des autres nations, notre consul, M. Deval, qui, suivant l'usage, était allé le complimenter, l'accusant de faire traîner volontairement les négociations en longueur. M. Deval répliqua sur le même ton. Alors le Dey, furieux, se levant de son siège, frappa notre représentant de trois coups de son éventail et l'invita à se retirer.

LE COUP D'ÉVENTAIL.

32. Première intervention. — Un tel outrage ne pouvait rester impuni. C'est pour en obtenir réparation que la France va s'engager dans une entreprise qui, d'abord limitée à l'expédition d'Alger, se continuera ensuite par la conquête du pays tout entier.

Tout d'abord, le gouvernement français envoie une division navale devant Alger avec mission d'adresser un ultimatum au Dey : un de ses ministres devra venir présenter les excuses du Dey pendant que le pavillon français sera salué de cent coups de canon. Hussein refuse et répond en faisant piller nos établissements de La Calle et de Bône.

On essaye ensuite de la conciliation. Un vaisseau français, la *Provence*, commandé par l'amiral *La Bretonnière*, vient engager

---

1. Grande fête musulmane qui termine le Rhamadan.

de nouveaux pourparlers. Hussein répond : « J'ai de la poudre et des canons ». Et au moment où la *Provence* sort du port, il la fait bombarder.

33. Débarquement des Français en Afrique. — Une expédition est alors résolue. L'amiral *Duperré* a le commandement de la flotte et le ministre de la guerre, *Bourmont*, celui de l'armée de terre avec le titre de commandant en chef. Parti de Toulon le 25 mai 1830, le corps expéditionnaire, qui comprend 300 vaisseaux et 35 000 hommes, après maintes péripéties dues au mauvais état de la mer, débarque, le 14 juin, sur la presqu'île de *Sidi-Ferruch*, à 25 kilomètres à l'ouest d'Alger.

34. Entrée des Français à Alger. — Les Français culbutent les Turcs à *Staouéli*, les dispersent de nouveau à *Sidi-Khaled* et sur les hauteurs de *Bouzaréa*, malgré les fatigues occasionnées par une marche pénible, sous une chaleur accablante, à travers un pays coupé de ravins et couvert de broussailles. Le 4 juillet, après un brillant assaut, ils s'emparent du *Fort l'Empereur* qui protège Alger et le lendemain, 5 juillet 1830, ils entrent à *Alger* au milieu de la consternation des Turcs.

LECTURE — **Prise du Fort l'Empereur.**

Le 4 juillet, nos préparatifs étaient entièrement terminés ; une fusée, partie du quartier général, sert de signal pour commencer un peu avant le jour un feu terrible. L'ennemi y répond d'abord vigoureusement ; mais pendant plus de sept heures le fort est battu en brèche ; déjà plusieurs pans de murailles sont tombés ; la chute de quelques parapets ayant mis les canonniers turcs à découvert, leur feu se ralentit. Tout à coup, à neuf heures et demie, un fracas épouvantable se fait entendre ; c'est le fort qui vient de sauter. (Les Turcs, se rendant compte de l'inutilité de leur résistance, s'étaient retirés vers la Casba après avoir mis le feu à la poudrière.)

Le général Hurel, qui commandait la tranchée, fait prendre les armes et entre aussitôt dans le fort l'Empereur.

Général baron PÉTIET, *Souvenirs militaires* (Hachette et Cie, édit.).

LECTURE — **Capitulation d'Alger.**

« Le fort de la Casba, tous les autres forts qui dépendent d'Alger et le port de cette ville seront remis aux troupes françaises, ce matin, à dix heures.

« Le général en chef s'engage envers Son Altesse le dey d'Alger à lui laisser la liberté et la possession de ses richesses personnelles.

« Le dey sera libre de se retirer dans le lieu qu'il fixera, et, tant qu'il restera à Alger, il y sera, lui et sa famille, sous la protection du général en chef. Une garde garantira la sûreté de sa personne et celle de sa famille.

« L'exercice de la religion mahométane restera libre. La liberté des habitants de toutes les classes, leur religion, leurs propriétés, leur commerce et leur industrie ne recevront aucune atteinte ; leurs femmes seront respectées. Le général en chef en prend l'engagement sur l'honneur ».

« Au camp devant Alger, le 5 juillet 1830.
« DE BOURMONT ».

SEPTIÈME PÉRIODE (Suite)

XI. — DÉBUTS DE LA CONQUÊTE

35. L'occupation restreinte. — Tout d'abord, le gouvernement de Louis-Philippe, qui vient de remplacer celui de Charles X, ne sait pas exactement ce qu'il veut faire au sujet de l'Algérie. Il flotte entre trois solutions : l'évacuation pure et simple, l'occupation de quelques villes seulement ou la conquête complète du pays. On se décide enfin pour l'occupation restreinte.

LOUIS-PHILIPPE

Le général *Clauzel*, qui a remplacé Bourmont, destitue les beys de Constantine, de Titteri et d'Oran. Il crée des corps de troupes indigènes (zouaves, spahis). Jugé comme trop entreprenant, il est rappelé.

Après lui, des changements de chefs, dont plusieurs se rendent coupables envers les Indigènes de mesures imprudentes, vexatoires et parfois brutales, des relâchements dans la discipline et aussi certaines expéditions peu brillantes compromettent gravement notre situation. Grâce au général *Voirol*, dont l'équité inspire confiance, l'influence française reprend le dessus et fait de rapides progrès.

ABD-EL-KADER

36. Abd-el-Kader. — C'est à ce moment que se dresse devant nous un adversaire redoutable, jeune musulman d'une grande bravoure, mais fanatique et dissimulé, *Abd-el-Kader*[1], qui, pendant quinze années, tiendra tête à nos armées.

37. Traité Desmichels. — Abd-el-Kader a d'abord des commencements difficiles ; ceux de ses coreligionnaires qu'il convie à

---

[1]. Né à Mascara.

LES DÉBUTS DE LA CONQUÊTE — ABD-EL-KADER

la guerre se refusent à reconnaître son autorité. Mais, faute grave, le général Desmichels, qui commande à Oran, entre en négociations avec lui et lui fait des concessions injustifiées qui rehaussent son prestige aux yeux de ses coreligionnaires. Reconnu par nous comme *prince des croyants* ou *émir*, Abd-el-Kader ne tardera pas à nous susciter des embarras en attendant de nous faire ouvertement la guerre (1834).

38. Échec de La Macta. — Le général *Trézel*, qui remplace Desmichels, veut réparer la faute commise par ce dernier et détruire le prestige grandissant d'Abd-el-Kader. Avec 2500 hommes seulement et 6 canons, il se porte au-devant de lui; mais son avant-garde est surprise dans la forêt d'*Ismaël*, à 25 kilomètres d'Oran; ses communications sont coupées; il bat en retraite vers Arzew. Assailli dans les marais de *La Macta*, il perd 500 hommes; les troupes d'Abd-el-Kader, qui ont semé le désordre et la panique dans les nôtres, pillent les caissons abandonnés et massacrent les blessés (1835). C'est avec beaucoup de peine que les débris de l'armée peuvent rentrer par terre à Oran. Ce gros échec grandit Abd-el-Kader et provoque en France une profonde émotion.

LECTURE — Abd-el-Kader.

Ce n'était pas un ambitieux vulgaire; son éducation avait été soignée; il avait vu l'Europe et l'Orient. Dans la zaouïa paternelle, il avait appris le Coran, étudié à fond la jurisprudence musulmane. Nul, mieux que lui, ne citait à propos les textes sacrés en les interprétant toujours à son avantage. De taille moyenne et bien prise, pâle, les traits fins, l'œil ardent, il avait toute la dignité élégante d'un aristocrate arabe avec la mine austère d'un saint. La parole était un de ses moyens d'action; il montait en chaire et prêchait. Brillant cavalier, il s'exposait bravement au péril; rusé diplomate, il devinait vite les vices et les faiblesses de ses ennemis et agissait en conséquence.

Il n'avait pas dans le caractère la sauvagerie bestiale de tant d'autres chefs de révolte; mais le sang ne lui faisait pas peur, pourvu qu'il ne fût pas inutile. Sa franchise et sa perfidie, sa clémence et sa cruauté, tout était calculé, tout lui semblait justifié par la sainteté du but. En général, les Français, après l'avoir estimé trop peu, l'ont ensuite élevé trop haut. On eut le tort de le dédaigner comme un simple barbare; mais on se trompait également quand on lui prêtait les idées d'un homme d'État européen. Avec toute son intelligence, il ne sut pas comprendre les supériorités de la civilisation et se renferma dans ce mépris haineux et invincible que la plupart de ses coreligionnaires éprouvent pour ce qui n'est pas musulman. Ce fut, en somme, un de ces cerveaux vigoureux et étroits comme en produisit le moyen-âge surtout parmi les politiques d'église, cerveaux qu'emplissait une seule idée, hommes, passionnés et froids, souples et violents, faisant servir leur habileté au triomphe de leurs croyances et leurs croyances à leurs ambitions.

M. WAHL, *L'Algérie* (Félix Alcan, édit.).

SEPTIÈME PÉRIODE (Suite)

XII. — DÉBUTS DE LA CONQUÊTE (Suite)

MARÉCHAL CLAUZEL.

39. **Clauzel.** — Pour relever le prestige de nos armes, Clauzel est envoyé pour la deuxième fois en Afrique. Il entre dans Mascara, débloque Tlemcen assiégé et fait établir un camp à l'embouchure de la Tafna pour assurer le ravitaillement de cette dernière ville par Oran et par la mer.

Profitant du départ de Clauzel pour Alger, Abd-el-Kader bloque le camp de *La Tafna*. La famine commence déjà à se faire sentir lorsque le général Bugeaud débarque avec trois régiments et inflige à l'émir une défaite complète sur les bords de *la Sikkah* (1836). Le désastre de La Macta était vengé.

40. **Première expédition contre Constantine.** — Voulant profiter de ce succès, le maréchal Clauzel prépare, de Bône, une expédition contre *Constantine* où le bey Ahmed, bien que destitué depuis 1830, continue à gouverner. Clauzel était encouragé dans cette entreprise par un officier d'origine musulmane, *Yusuf*. Celui-ci avait su par son intelligence, sa bravoure et sa parfaite connaissance de la langue et des mœurs indigènes gagner la confiance du maréchal. Il s'était fait fort d'obtenir aisément la soumission de la ville; mais, éprouvés par le mauvais temps et les fièvres, nos soldats, après un assaut inutile, sont contraints d'opérer leur retraite, sous les ordres du commandant *Changarnier* (1836).

41. **Traité de La Tafna.** — Clauzel est rappelé et remplacé par le général *Damrémont*. Pour assurer notre sécurité dans l'ouest pendant qu'une deuxième expédition se prépare contre Constantine, Bugeaud reçoit l'ordre de signer avec Abd-el-Kader le traité de *La Tafna*. Ce fut une faute plus lourde encore que celle commise par Desmichels, car si Abd-el-Kader nous reconnaissait la possession d'Oran, Arzew, Mostaganem et leur banlieue, ainsi que d'Alger et de la Métidja, son autorité sur le reste de l'Algérie était formellement reconnue (1837).

MORT DU GÉNÉRAL DAMRÉMONT.

LES DÉBUTS DE LA CONQUÊTE — ABD-EL-KADER (Suite)

42. Damrémont; prise de Constantine. — C'est au prix d'une concession aussi impolitique que Damrémont, à la tête d'une armée de 12000 hommes appuyée sur une artillerie de 33 bouches à feu et secondé par les généraux *Perrégaux*, *Vallée* et *Rohault de Fleury*, peut s'avancer contre *Constantine* où le bey Ahmed continue à défier les Français. Le siège de la ville est des plus meurtriers. Damrémont tombe des premiers; Vallée le remplace. Les zouaves, commandés par *Lamoricière*, escaladent une brèche et se précipitent dans les rues barricadées, sous un feu nourri qui part des fenêtres étroites de toutes les maisons. Le magasin à poudre saute; Lamoricière, brûlé, est conduit à l'ambulance. *Combe*, qui le remplace, est mortellement blessé. On est obligé de prendre d'assaut chaque ruelle, chaque maison, enfonçant les portes à coups de hache. Enfin, la ville, *nouvelle Saragosse*, fait sa soumission (octobre 1837).

LECTURE — Prise de Constantine.

Ici, comme à Saragosse, les défenseurs sont plus nombreux que les assaillants. De faibles têtes de colonnes, guidées par les officiers et les sous-officiers du génie, cheminent dans ce dédale de ruelles tortueuses et infectes, dans ces corridors voûtés à mille issues dont se compose Constantine. Munis de haches et d'échelles faites avec les côtés démontés des voitures, ils assiègent une à une les maisons isolées, sans terrasses, séparées par de petites cours favorables à la défense et sautent par les toits dans celles qu'ils n'ont pu prendre par la porte. Le dernier effort considérable a lieu contre la caserne des janissaires, grand bâtiment crénelé, à trois étages, bâti sur le rempart, à

SIÈGE DE CONSTANTINE — PRISE DE LA VILLE
Par Horace Vernet (Musée de Versailles).

droite de la brèche, où les Turcs et les Kabyles se défendent avec acharnement. Nos troupes montent à la casbah dont la résistance est brisée : les derniers de ses défenseurs cherchent à descendre par des cordes du haut des escarpements verticaux qui surmontent de quatre cents pieds les abîmes ténébreux où coule le Rummel : les derniers poussent les premiers, qui roulent dans le gouffre : une horrible cascade humaine se forme et plus de deux cents cadavres s'aplatissent sur le roc, laissant des lambeaux de chair à toutes les aspérités intermédiaires. Après une furieuse mêlée de deux heures, Constantine est prise.

Duc d'Orléans, *les Campagnes de l'armée d'Afrique* (Hachette et Cie, édit.).

SEPTIÈME PÉRIODE (Suite)

XIII. — CONTINUATION DE LA CONQUÊTE

43. Abd-el-Kader s'organise; la Guerre Sainte. — Profitant des deux années de répit qui suivent la prise de Constantine, Abd-el-Kader s'efforce d'étendre son autorité et d'organiser ses forces, attendant l'occasion de reprendre les hostilités. Elle lui est offerte par le maréchal Vallée lui-même (marche d'une colonne de Constantine à Alger par Mila, Sétif, le défilé des Portes de Fer). Prétextant que les Français viennent de violer le traité de La Tafna en traversant un pays qui ne leur appartenait pas, Abd-el-Kader adresse au gouverneur une lettre de reproches, l'informe qu'il rompt la paix et proclame la *Guerre Sainte*. Immédiatement, 3000 cavaliers indigènes se précipitent sur la Métidja, massacrant les colons, pillant les récoltes, incendiant les fermes, enlevant les convois.

LES PORTES DE FER
D'après Dauzat (Musée de Versailles).

Après quelques atermoiements, Vallée reprend l'offensive et occupe successivement Cherchell, Médéa et Miliana. En même temps, le frère de l'émir est battu près de Sétif et, dans l'ouest, le général Lamoricière conduit quelques expéditions heureuses (belle défense du capitaine Lelièvre à Mazagran).

44. L'occupation totale; Bugeaud et Abd-el-Kader. — Néanmoins, la situation reste toujours mal définie. En 1841, Bugeaud est nommé gouverneur général de l'Algérie. Avec lui, la lutte va prendre un caractère plus décisif. L'occupation restreinte, condamnée comme insuffisante, fait place à une autre conception : l'occupation totale.

L'effectif des troupes est porté à 100 000 hommes, au lieu de 60 000. Une tactique nouvelle est adoptée : plus d'armées en masse, difficiles à mouvoir et à approvisionner, mais des colonnes légères, rapides, habiles aux surprises et aux razzias, comme celles des Arabes eux-mêmes. Rude et brave soldat, général actif et vigilant, soucieux du bien-être de ses troupes, chef résolu autant que prudent, Bugeaud se fait parmi ses soldats, malgré sa brus-

CONTINUATION DE LA CONQUÊTE — ABD-EL-KADER

querie, une réelle popularité : on l'appelle « le père Bugeaud », comme on avait appelé autrefois Napoléon « le petit Caporal ».

Immédiatement les événements changent de face: Abd-el-Kader est délogé de ses places fortes et centres de ravitaillement, Boghar, Tagdempt (près de Tiaret), Mascara, Tlemcen ; ses partisans sont décimés, razziés, ruinés ; *Orléansville* est fondé pour contenir les tribus turbulentes de l'Ouarsenis et du Dahra. Pendant ce temps, la domination française s'affermit dans l'est avec le général *Négrier* (prise de Msila et de Tébessa), ainsi qu'au centre, dans la Métidja, où la sécurité était si souvent troublée (combat de Béni-Méred).

MARÉCHAL BUGEAUD

LECTURE — Défense de Mazagran.

Mostaganem était menacée d'une attaque. Pour couvrir les approches de la place, on détacha de la garnison une compagnie de 123 hommes ; le capitaine Lelièvre, qui la commandait, reçut l'ordre d'occuper et de défendre énergiquement le village voisin de Mazagran. Bientôt dix mille hommes d'Abd-el-Kader se présentent devant le petit fort construit à la hâte ; pendant quatre jours et quatre nuits, les assauts se succèdent sans interruption ; pour ménager les munitions, nos soldats repoussent l'attaque à l'arme blanche ; l'héroïsme de la défense répond à l'acharnement de l'attaque. Le 3e jour, il ne reste plus que 10 000 cartouches, c'est-à-dire moins de cent coups à tirer pour chaque homme. Lelièvre rassemble ses soldats et leur fait connaître sa résolution de combattre jusqu'à la dernière extrémité. Quand il annonce qu'il est décidé à faire sauter le fort plutôt que de capituler, pas un murmure ne s'élève. On convient donc d'utiliser le mieux possible les cartouches qui restent ; si l'enceinte est forcée on luttera à la baïonnette ; enfin quand le fort sera rempli d'ennemis, le capitaine mettra le feu au baril de poudre. Heureusement, ce sublime sacrifice n'a pas lieu de s'accomplir. Les Arabes commencent à se lasser d'une pareille lutte ; ils ont déjà perdu plus de 600 hommes. Leurs chefs ordonnent un nouvel assaut qui est repoussé comme les autres ; alors ils se retirent ; ne se doutant pas que ce suprême combat a épuisé les dernières munitions de la petite garnison. En même temps apparaît sur une colline voisine l'avant-garde d'une colonne de secours envoyée de Mostaganem. C'est la délivrance !

G. Duruy, *Pour la France* (Hachette et Cie, édit.).

SEPTIÈME PÉRIODE (Suite)

XIV. — FIN DE LA GUERRE

45. Prise de la Smala d'Abd-el-Kader. — Pourtant Abd-el-Kader reste toujours menaçant. Évitant soigneusement les rencontres, il court le pays avec ses cavaliers, s'efforçant de prévenir les défections et d'amener à sa cause les timorés. Il passe entre nos colonnes avec une rapidité déconcertante, mais se heurte partout à nos avant-gardes ou à nos postes.

Au mois d'avril 1843, le duc d'Aumale enlève par surprise, près de *Taguin*, où elle campe, la *Smala* de l'émir, sorte de ville de

PRISE DE LA SMALA D'ABD-EL-KADER
Par Horace Vernet (Musée de Versailles).

tentes où se trouvent, avec sa famille, ses troupeaux, ses trésors et ses partisans. Ce coup d'audace porte au prestige de notre adversaire une atteinte funeste.

46. Bugeaud et les Marocains; traité de Tanger. — Abd-el-Kader se retire au Maroc avec les débris de son armée et parvient à armer contre nous le sultan *Abd-er-Rhaman*. Malgré ses 30 000 cavaliers, *Mouley-Mohammed*, fils du sultan, est battu par Bugeaud sur les bords de *l'Isly*. L'armée marocaine perd 800 hommes seulement, mais elle est obligée d'abandonner ses canons, ses troupeaux et ses munitions. En même temps, une escadre commandée par le *prince de Joinville* bombarde Tanger et Mogador. Le sultan demande la paix. Par le *traité de Tanger* (1844), il s'engage à interner Abd-el-Kader au cas où il tomberait entre les mains de ses troupes et accepte une délimitation de frontières[1].

---

[1]. Il est à regretter que nos agents se soient laissé duper par ceux du sultan et qu'au lieu de la frontière naturelle de la Moulouia, ils aient accepté une frontière ouverte qui laisse au Maroc, avec Figuig, la route du Touat et du Sahara.

FIN DE LA GUERRE

47. Dernières campagnes. — Il s'en faut cependant que la lutte soit terminée. Dans le Dahra, nous devons combattre *Bou-Maza*, « l'homme à la chèvre, » mendiant obscur, spécimen de ces fanatiques grossiers et imposteurs qui se font chez les foules ignorantes, de nos jours encore, une réputation de saints. Les colonels *Saint-Arnaud* et *Pélissier* poursuivent énergiquement ses partisans, dont un certain nombre périssent, ainsi que leurs femmes et leurs enfants, enfumés dans les grottes de *Nekmaria*.

De son côté, Abd-el-Kader, avec 6000 tentes, vient de reparaître sur la frontière et de franchir la Tafna. Le colonel *Montagnac*, qui se porte au-devant de lui, est attiré dans un guet-apens ; il est écrasé avec sa colonne dont les débris, réfugiés dans le marabout de *Sidi-Brahim*, se défendent héroïquement (dévouement du capitaine Dutertre).

48. Reddition d'Abd-el-Kader. — Bugeaud, résolu à en finir, met sur pied 15 colonnes puis se lance résolument contre son adversaire. Poursuivi sans merci, Abd-el-Kader se réfugie de nouveau au Maroc ; mais abandonné par le sultan et désespérant enfin de sa cause, il se rend au général *Lamoricière* qui le livre au duc d'Aumale, successeur de Bugeaud (1847). Embarqué pour Toulon, interné à Pau, puis à Amboise, il est remis en liberté cinq ans plus tard et, pourvu d'une pension de 100 000 francs, il se retire à Damas, où il meurt en 1883. Ainsi finit celui qui fut, en Algérie, le plus redoutable de nos adversaires. Lui disparu, la période des grandes guerres est terminée.

LECTURE — **Un Régulus français : le capitaine Dutertre.**

Les Arabes continuent leur fusillade et leurs assauts furieux contre le marabout (Sidi-Brahim) où viennent de se réfugier et de se retrancher à la hâte les débris de la colonne Montagnac. Abd-el-Kader fait venir le capitaine Dutertre, prisonnier, qui peut encore marcher malgré sa blessure, et lui dit : » Va trouver les tiens ; renouvelle-leur ma proposition : la vie sauve, s'ils se rendent, pour eux et pour toi ; sinon, je les exterminerai jusqu'au dernier, je te ferai couper la tête et je donnerai ton cœur en pâture à mes sloughis. En tout cas, tu me jures de revenir te constituer prisonnier. Acceptes-tu mes conditions ? — J'accepte », dit simplement Dutertre. Il s'approche alors du marabout, fait appeler le capitaine, et, lui serrant la main, il s'adresse à la petite troupe : « Chasseurs, dit-il, si vous ne vous rendez pas, on va me couper la tête ; moi je viens vous dire de mourir jusqu'au dernier plutôt que de vous rendre ! » Puis il va se reconstituer prisonnier. Abd-el-Kader, furieux de la réponse qu'il lui apportait, le fait décapiter et promène triomphalement sa tête sous les murs du marabout....

Lieutenant RICHARD, *Les Chasseurs à pied* (Hachette et Cie, édit.).

HUITIÈME PÉRIODE

XV. — EXTENSION DE LA CONQUÊTE

Après la reddition d'Abd-el-Kader, deux régions d'Algérie restent les derniers centres de la résistance : le lointain Sahara et la montagneuse Kabylie.

49. Conquête du Sahara. — En 1849, le colonel *Herbillon* s'empara de *Zaâtcha*, près de Biskra. Après un siège en règle qui rappelle celui de Constantine, la ville est détruite et ses palmiers coupés.

Laghouat a le même sort trois ans plus tard. Ces deux faits d'armes nous valent de nombreuses soumissions (Touggourt, l'Oued Rhir, le Souf).

50. Conquête de la Kabylie. — Depuis les premières années de la conquête, nous possédions sur le littoral de la Kabylie Collo, Bougie et Dellys; mais, pour la sécurité de notre conquête, il nous fallait pénétrer au cœur même du pays. Cela n'allait pas sans de sérieuses difficultés, difficultés inhérentes au pays lui-même, formé de hautes montagnes, de ravins, couvert de forêts et de villages inaccessibles, et aussi à ses habitants, montagnards nombreux et intrépides, attachés à leur sol et jaloux de leur indépendance. L'agitation provoquée à diverses reprises par des marabouts fanatiques et audacieux (l'un des plus influents fut *Bou-Barla*, « l'homme à la mule ») nous donne l'occasion d'intervenir. En 1857, une expédition est organisée par le maréchal *Randon*, gouverneur de l'Algérie. 35 000 hommes cernent la Grande Kabylie; les Beni-Iraten, attaqués les premiers, sont écrasés : les Beni-Menguelet se retranchent dans leur village d'Icheriden et se défendent vaillamment contre la colonne *Mac-Mahon*; leur défaite entraîne celle des Beni-Yenni et de plusieurs autres. Randon fait construire *le Fort Napoléon* (aujourd'hui Fort-National), qui tient le pays en respect et ouvrir des routes militaires dans les montagnes. La Kabylie était domptée après une campagne de 60 jours.

LECTURE — *A la prise de Laghouat.*

Enlevée d'assaut, la ville subit toutes les horreurs de la guerre. Elle connut tous les excès que peuvent commettre des soldats livrés un instant à eux-mêmes, enfiévrés par une lutte terrible, furieux des dangers qu'ils viennent de courir, des pertes qu'ils viennent d'éprouver et exaltés par une victoire vivement disputée et chèrement achetée. Il y eut des scènes affreuses; il y eut aussi des actes d'humanité vraiment touchants; en voici un. Les rues e les maisons étaient remplies de cadavres d'hommes, de femmes et même d'enfants que les balles aveugles n'avaient point épargnés. Deux soldats du bataillon d'Afrique, de ceux qu'on appelle des zéphyrs, détachèrent du cadavre de sa mère éventrée par un coup de baïonnette, un pauvre petit mauricaud de trois ans, raidi par la terreur. Ils l'emportèrent dans leurs bras et, le soir

EXTENSION DE LA CONQUÊTE

même, le firent adopter par la compagnie, qui l'éleva. Longtemps, on put voir à Laghouat ce pauvre petit suivant ses nombreux pères d'adoption et marchant derrière eux, fier et content. *Souvenirs du général du Barail* (Hachette).

LECTURE — *Occupation de la Kabylie*.

Après avoir frappé sur les Kabyles un coup de force, le maréchal Randon avait décidé de porter à leurs illusions une atteinte décisive. Tandis qu'ils

VILLAGE DE KABYLIE

s'attendaient à voir leurs vainqueurs opérer, après un certain temps, leur retraite, ainsi que dans toutes les expéditions précédentes, un spectacle nouveau vint les surprendre et les déconcerter. Ce fut d'abord la construction, sur le plateau de Souk-el-Arba, d'un grand poste fortifié. Le 14 juin, fut bénite et solennellement posée la première pierre de cette forteresse qui allait recevoir le nom de Fort Napoléon et qui s'appelle aujourd'hui Fort-National; puis sortirent de terre et s'élevèrent rapidement devant les yeux stupéfaits des Kabyles l'enceinte bastionnée et des bâtiments de toutes sortes, casernes, ateliers et magasins. Ce fut ensuite l'ouverture et l'achèvement en 18 jours d'une route de 28 kilomètres, de Tizi-Ouzou à Fort Napoléon, qu'un convoi d'artillerie, de fourgons du génie et du train, couverts de drapeaux et de feuillage, inaugura en la parcourant dans toute sa longueur.

Il n'y avait plus à douter : c'était une prise de possession.

CAMILLE ROUSSET, *La Conquête de l'Algérie* (Plon et Nourrit, édit.).

NEUVIÈME PÉRIODE

XVI. — LES INSURRECTIONS

A plusieurs reprises et sur divers point de l'Algérie éclatèrent des insurrections provoquées, les unes, par une éclosion de fanatisme, les autres, par une renaissance de cet esprit d'indépendance qui est le fond du caractère musulman.

51. Insurrection des Ouled-Sidi-Cheikh. — Après avoir été pendant plusieurs années notre fidèle alliée, la puissante tribu des *Ouled-Sidi-Cheikh*, sous le commandement de son agha *Si Sliman*, se soulève contre nous. Une petite colonne (une centaine d'hommes), commandée par le colonel *Beauprêtre*, est massacrée, trahie par son goum[1] qui ouvre le camp à l'ennemi. La révolte se généralise et a sa répercussion jusque dans le Tell. Pendant plusieurs années, c'est dans le Sud algérien et jusque sur les frontières du Maroc une succession de coups de main, de razzias où l'avantage est souvent disputé. En 1870, le général *Wimpfen* oblige les rebelles à une complète soumission.

52. Révoltes des Flittas. — Excitées par le marabout *Si Lazereg* qui reçoit le mot d'ordre des Ouled-Sidi-Cheikh, les *Flittas*[2] se soulèvent, détruisent le caravansérail[3] de *La Raouia*, pillent *Ammi-Moussa* et *Zemmora* et menacent *Relizane*. Ils sont réduits par le général *Martimprey* et nous laissent pour otages 4000 prisonniers.

53. Insurrection de Kabylie ; Mokrani. — A la faveur de nos défaites de 1870, les Indigènes relèvent la tête. Courbés par la force sous notre domination, ils renaissent peu à peu, eux qui nous avaient crus invincibles, à l'espoir de la revanche et de la délivrance. *Mokrani*, bach-agha[4] de la Medjana (région de Sétif), grand seigneur indigène que la France a comblé de faveurs et de distinctions, mais que son luxe et des spéculations malheureuses ont à peu près ruiné, croit le moment favorable pour rétablir sa fortune. Il recherche des alliés, provoque de l'agitation en Kabylie (prédications des Khouans[5]) ; puis, quand il sent le terrain préparé, il envoie sa démission de bach-agha et nous déclare la guerre (1871). Avec 8000 hommes, il se porte contre *Bordj-bou-Arréridj* et, à son appel, toute la Kabylie, de Tizi-Ouzou à Mila, est sur pied. Les villages sont investis, les fermes brûlées, les récoltes saccagées, les colons massacrés, parfois avec des raffinements de cruauté

---
1. Milice recrutée parmi les indigènes.
2. Les Flittas habitent la région montagneuse située entre Relizane et Tiaret.
3. Sorte d'hôtellerie où s'arrêtent les caravanes.
4. Grand chef militaire indigène.
5. Moines musulmans.

(Palestro). Une bande audacieuse menace même la Mélidja. Deux colonnes sont organisées pour les réduire, l'une dans la province de Constantine, l'autre dans celle d'Alger. Celle-ci se heurte près d'Aumale aux troupes de Mokrani, qui est tué dans une reconnaissance; les villages sont débloqués et ravitaillés et les tribus désarmées. Celle-là, après une campagne de cinq mois, écrase les rebelles à *Bou-Thaleb* et soumet la Petite Kabylie.

54. **Insurrection de l'Aurès.** — En 1879, agité par les prédi-

GHARDAÏA : VUE GÉNÉRALE

cations d'un marabout qui affirme que les fusils des Français ne partiront plus, les tribus berbères de l'Aurès se soulèvent. Leur révolte est facilement réprimée.

55. **Insurrection du Sud oranais; Bou Amama.** — Mettant à profit le mécontentement de certaines tribus du sud de la province d'Oran sur lesquelles on avait toléré que les chefs des Ouled-Sidi-Cheikh prélevassent des impôts, alors qu'elles payaient déjà une contribution à la France, un marabout fanatique, *Bou-Amama*, provoque dans toute la région une vive agitation, entraîne contre nous les Ouled-Sidi-Cheikh et se précipite sur nos établissements des Hauts-Plateaux (alfatiers espagnols de Saïda). Le général de Négrier poursuit vigoureusement la répression; Bou-Amama, déconcerté, s'enfuit au Maroc d'où, pendant de longues années, il ne cessera de nous inquiéter (1881).

56. **Occupation du Mzab.** — Les oasis du *Mzab* (Ghardaïa), où certaines tribus turbulentes trouvent un refuge ou viennent s'approvisionner d'armes et de poudre, sont annexées sans coup férir (1882).

L'ADMINISTRATION

XVII. — L'ORGANISATION ADMINISTRATIVE DE LA CONQUÊTE A NOS JOURS

57. Le gouvernement militaire. — Dès les débuts de la conquête, un gouverneur général militaire est placé à la tête des « Possessions françaises d'Afrique ». Le premier est *Drouet d'Erlon*. Affaibli par l'âge (70 ans), son incapacité se manifeste surtout dans la lutte contre Abd-el-Kader. Ses successeurs sont : *Clauzel*, premier adversaire d'Ab-del-Kader ; *Damrémont*, qui dirige la deuxième expédition contre Constantine ; *Vallée*, le vainqueur de Constantine ; *Bugeaud*, l'implacable adversaire d'Abd-el-Kader et l'organisateur de la colonisation ; le *duc d'Aumale*, *Cavaignac*, *Changarnier*, *Charron*, *d'Hautpoul*, *Pélissier* et enfin *Randon*, le vainqueur de la Kabylie et l'un de nos principaux colonisateurs.

MARÉCHAL VALLÉE

58. Essai de gouvernement civil. — Après Randon, le gouvernement militaire est supprimé et remplacé par un *ministère de l'Algérie* (1858).

59. Rétablissement du gouvernement militaire. — Cet essai de régime civil ne réussit pas (conflits fréquents entre les autorités administrative et militaire) et, en 1860, on revient au régime militaire avec le maréchal PÉLISSIER.

GÉNÉRAL CHANGARNIER

60. Institution du gouvernement civil. — Mais après les fausses manœuvres et les mesures impolitiques commises par l'Empire[1], le régime militaire est définitivement aboli et remplacé par le régime civil (1870).

61. Ancienne organisation administrative. — A l'origine, le gouverneur général, à qui incombent à la fois le commandement militaire et la haute administration, est secondé, pour cette dernière, par un *Conseil consultatif* composé des principaux chefs de service. Sous ses ordres, un intendant civil dirige les sous-intendants (sortes de sous-préfets) et les commissaires civils (sortes d'administrateurs).

En 1845, on institue à côté du gouverneur, mais sous ses ordres, un *directeur général des affaires civiles*; on crée un *Conseil supérieur* composé de 8 hauts fonctionnaires, dont 4 civils et 4 militaires, qui a pour mission d'étudier les grandes questions intéressant l'Algérie : mais ce Conseil, purement consultatif, a peu

---

[1]. L'une des plus graves fut le Sénatus-consulte de 1863 qui, en déclarant les Indigènes propriétaires des terres qu'ils occupaient et en défendant aux colons de s'étendre au-delà des grands centres existants, créait un véritable « Royaume arabe » en même temps qu'il arrêtait l'essor de la colonisation.

L'ADMINISTRATION

d'influence sur les décisions du gouverneur. L'Algérie est divisée en *trois provinces* (Alger, Oran, Constantine) dans chacune desquelles on distingue trois sortes de territoires : civils, mixtes, indigènes ; dans les *territoires civils*, soumis à l'administration civile, les Européens ont le droit de s'établir sans conditions ; dans les *territoires mixtes*, soumis à l'administration militaire, les officiers commandants de places réunissent tous les pouvoirs ; dans les *territoires indigènes*, soumis au régime militaire, les Européens ont très difficilement accès.

La république de 1848 accorde aux Français d'Algérie, comme à ceux de la métropole, le *suffrage universel* et une *représentation au Parlement*. Les territoires mixtes sont supprimés.

LE PALAIS DU GOUVERNEUR GÉNÉRAL DE L'ALGÉRIE
A MUSTAPHA SUPÉRIEUR

L'Empire, méfiant à l'égard de l'élément civil, enlève à l'Algérie ses représentants au Parlement et supprime ses assemblées élues. Peu à peu le pouvoir militaire reconquiert l'influence qu'il avait perdue ; l'administration civile est placée sous sa dépendance : ce sont les beaux jours des *bureaux arabes*[1] qui, après avoir rendu, à l'origine, de précieux services à la conquête, se signalent ensuite par de regrettables abus.

Le Gouvernement de la Défense nationale nomme le premier gouverneur civil. Ce haut fonctionnaire est le chef des trois départements ; sous ses ordres sont placés un général commandant les forces de terre et de mer et un secrétaire général du gouvernement.

Pendant dix ans, ce régime fonctionne sans subir de grandes modifications. En 1881, surviennent les décrets dits de *rattachement*, en vertu desquels les divers services administratifs relèvent de leurs ministères respectifs (le gouverneur général agit en vertu d'une délégation de chaque ministre).

---

1. Le bureau arabe, composé d'officiers français assistés de chefs indigènes, administrait une certaine étendue de territoire (surveillance des tribus, fixation et perception de l'impôt, justice, etc.).

L'ADMINISTRATION

XVIII. — L'ORGANISATION ADMINISTRATIVE DE LA CONQUÊTE A NOS JOURS (Suite).

62. Organisation administrative actuelle. — Actuellement, représentée au Parlement par six députés et trois sénateurs, l'Algérie est administrée par un *gouverneur général civil* auprès duquel sont placés, comme corps consultatifs, le *Conseil de gouvernement*, le *Conseil supérieur* et les *Délégations financières*. Le gouverneur général réunit sous son autorité les deux administrations civile et militaire et la haute direction des forces de terre et de mer. Par suite de la suppression presque complète des rattachements, ses pouvoirs sont très étendus et ses attributions multiples. L'Algérie jouit de l'*autonomie financière*; son *budget*, préparé par le gouverneur général, est présenté aux délégations financières (sorte de parlement à pouvoirs restreints comprenant les représentants des colons, des non-colons, des Arabes et des Kabyles) qui le discutent et le votent; il est soumis ensuite à l'approbation du Conseil supérieur et enfin à la ratification des Chambres françaises.

Photo Neurdein
UNE RUE DU VIEUX BISKRA

Chacun des trois départements comprend deux territoires, le *territoire civil* et le *territoire militaire*. Le premier est administré par des fonctionnaires civils; dans le second, l'autorité administrative est exercée par des officiers de divers grades (aux préfets, sous-préfets, maires ou administrateurs du territoire civil correspondent respectivement, en territoire militaire, les généraux commandant les divisions, les généraux commandants de subdivisions, les commandants de cercle, les officiers de bureaux arabes secondés par des chefs indigènes).

En territoire civil, il y a deux sortes de communes : les *communes de plein exercice*, organisées comme celles de la métropole, et les *communes mixtes*, ayant à leur tête un administrateur (fonctionnaire nommé par le gouvernement général) assisté d'une Commission municipale. En territoire militaire, il y a des *communes indigènes* administrées par des commandants de cercle et quelques *communes mixtes* analogues à celles du territoire civil.

L'ADMINISTRATION

Les assemblées algériennes, conseil supérieur, délégations financières, conseils généraux, conseils municipaux, commissions municipales, comprennent, avec des membres français, des *représentants indigènes* tantôt désignés par l'autorité administrative, tantôt élus par leurs coreligionnaires.

Depuis 1902, les régions du sud de l'Algérie constituent un groupement spécial que l'on appelle les *Territoires du Sud* (cercles et communes de Géryville, Méchéria, Aïn-Sefra, Colomb-Béchar, Oasis sahariennes, Laghouat, Ghardaïa, Djelfa, Biskra, Touggourt). Les Territoires du Sud ont une administration distincte confiée à l'autorité militaire sous la direction du général commandant le 19ᵉ corps à Alger, lequel est subordonné au gouverneur général; leur budget est autonome.

LECTURE — **Les Étrangers en Algérie.**

La population étrangère de l'Algérie provient surtout des pays méditerranéens. La supériorité numérique appartient aux Espagnols, particulièrement nombreux dans le département d'Oran. L'Espagnol possède des qualités précieuses : énergie au travail, sobriété, endurance du climat; laboureur, jardinier, maçon, terrassier, charbonnier, alfatier, il s'accommode de tous les métiers, même des plus pénibles. Dans les villes du littoral, principalement à Oran, il existe toute une classe de négociants espagnols dont plusieurs très opulents et qui font bonne figure dans les premiers rangs de la société. Les Espagnols venus des Baléares, les « Mahonnais », comme on les appelle, se livrent de préférence au jardinage autour des grandes villes et surtout d'Alger.

Les Italiens, rares dans la province d'Oran, clairsemés dans celle d'Alger, sont nombreux dans celle de Constantine. La plupart des pêcheurs, des mariniers, des matelots sont originaires des Deux-Siciles. C'est une population généralement besogneuse ; elle exerce des métiers rudes et dangereux, se nourrit mal et s'entasse sans souci des précautions hygiéniques dans des taudis malsains.

Les Maltais ne se dépaysent guère en venant en Algérie; leur type est à peine différent de celui des Indigènes ; leur dialecte est à peu de chose près un idiome berbère. Hardis, industrieux, baragouinant toutes les langues, ils vont partout et partout savent se tirer d'affaire. Quelques-uns restent sur le littoral où ils sont matelots, pêcheurs, plus rarement jardiniers; mais la plupart ont plus de goût pour le petit commerce: ils sont épiciers, débitants, cantiniers; adroits et économes, ils arrivent à l'aisance, même à la fortune.

Les Allemands ont peuplé plusieurs villages aux environs d'Alger et d'Oran; quand ils peuvent résister au climat, ce sont d'assez bons cultivateurs ; mais n'étant pas alimentés par un excédent de naissances ni par un courant d'émigration continu, ils tendent à disparaître ou à fusionner avec le reste de la population.

Il en est de même des autres étrangers, Suisses, Belges, Polonais, etc., dont la proportion n'est pas assez forte pour qu'ils puissent former des groupes distincts et qui d'ailleurs ne cherchent pas à vivre isolément.

Il convient de mentionner aussi, mais comme élément flottant, les touristes et les hiverneurs, en majorité anglais, que la douceur du climat et l'originalité des sites attirent chaque année en Algérie.

D'après M. WAHL, *L'Algérie* (Félix Alcan, édit.).

XIX. — LA COLONISATION

63. Les débuts. — Les premiers émigrants européens venus à Alger sont, non des colons mais des gens d'affaires, des spéculateurs, des fournisseurs de nos troupes et aussi des pourvoyeurs de toutes sortes, parasites ambulants qui suivent nos soldats en campagne. Les achats de terre ne commencent guère que sous le gouvernement du général Clauzel, qui les encourage. Peu à peu des villages s'élèvent autour d'Alger ; sous la protection de l'ar-

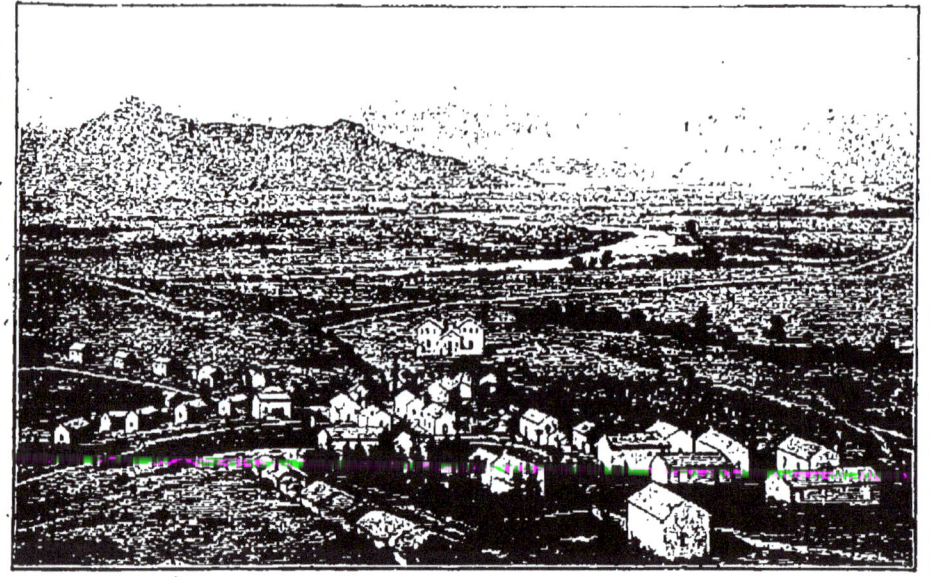

Photo J. Poinsot.
LES TERRES COLONISÉES
Vue prise de l'oued Sahel.

mée, les colons se répandent dans la Métidja, achetant des terres, construisant des maisons ; les premières transactions se font avec les Indigènes. Mais quelle rude vie que la leur ! Et au prix de quel labeur, de quels dangers et de quelles souffrances ces « colons de la première heure » sont-ils parvenus à se maintenir sur cette terre d'Afrique ! Sous le soleil ardent et avec des moyens souvent sommaires, il faut défricher le sol couvert de lentisques et de palmiers-nains ; la récolte venue, il faut la protéger jour et nuit, l'arme au bras, contre le banditisme indigène et se protéger soi-même contre les attaques inopinées des Hadjoutes qui fondent sur les fermes, s'emparent des bestiaux, pillent et massacrent sans pitié. Des marais croupissants comme de la terre fraîchement remuée se dégage la fièvre, plus meurtrière que la guerre ; les cimetières, suivant le dire d'un général, se peuplent plus vite que les villages (Boufarik a été appelé « le cimetière des Français »). Et quand le moment est venu de tirer quelque argent d'une récolte si durement acquise, ce sont les moyens de communication qui manquent : transporter ses produits à Alger constitue une opération aussi longue que pénible et dangereuse.

La lutte contre Abd-el-Kader achève de compromettre la situation des colons; menacés d'être cernés et massacrés, la plupart sont obligés de se réfugier à Alger; leurs fermes abandonnées sont pillées et incendiées.

64. Bugeaud colonisateur. — Avec Bugeaud, l'espoir renaît, la colonisation se relève et reçoit une impulsion nouvelle. C'est d'abord, essai qui ne répondit pas aux espérances, la création de plusieurs villages dans lesquels on établit des soldats libérés par anticipation; puis l'inauguration du système de la *concession* officielle; puis encore la cession de grandes étendues de territoire à des Compagnies ou à des particuliers qui s'engagent à y établir un certain nombre de familles, ou à des Sociétés religieuses (Trappistes de Staouéli). Malgré l'échec de beaucoup de ces entreprises, la colonisation prend un grand développement; dans les trois provinces (surtout dans celle d'Alger où la sécurité est mieux assurée) se fondent de nombreux villages; les villes se peuplent rapidement et s'agrandissent; de grands travaux d'utilité publique, construction de routes, aménagement des ports, dessèchement des marais sont entrepris.

LECTURE — **Le maréchal Bugeaud**.

Le 4 juin 1847, l'escadre de la Méditerranée, commandée par le prince de Joinville, mouillait en rade d'Alger. Le lendemain, devant une foule respectueuse, le maréchal prit passage sur le *Caméléon*. Avant de s'embarquer, il avait fait ses adieux à ses compagnons d'Afrique, de quelque condition qu'ils fussent, par trois proclamations à la population, à l'armée, à la marine. « Colons de l'Algérie, disait-il dans la première, étendez vos regards au delà d'Alger : voyez les routes, les ponts, les édifices de toute nature, les barrages, les conduites d'eau, les villages qui ont surgi, et dites si nous n'avons pas fait en colonisation, au milieu d'une guerre ardue, plus qu'on avait le droit d'attendre ». Sa mémoire illustre s'est enracinée profondément dans la terre d'Afrique. Quand, au mois de juin 1849, Alger apprit la mort de son ancien gouverneur, enlevé par le choléra, l'émotion fut universelle et profonde. Une souscription s'ouvrit pour élever un monument à la gloire du maréchal, une statue, qui fut édifiée sur une des places de la ville. Il est représenté debout, tête nue, vêtu de sa capote de campagne. A ses pieds, des attributs de guerre et d'agriculture symbolisent ses deux passions unies dans la devise qu'il s'était faite : « Par l'épée et la charrue ».

CAMILLE ROUSSET, *La Conquête de l'Algérie* (Plon, Nourrit et Cⁱᵉ, édit.).

LA COLONISATION

XX. — LA COLONISATION (Suite)

65. Colonisation ouvrière. — En même temps qu'elle appelle l'Algérie à la vie politique, la deuxième République se préoccupe de développer la colonisation ; mais ses entreprises ne réussissent qu'à demi (colonisation par les ouvriers de Paris).

GÉNÉRAL RANDON

66. Randon colonisateur. — Pendant la première période de l'Empire, Randon fait faire un nouveau pas à la colonisation ; le système de *la concession* est consacré mais beaucoup amélioré au profit du colon ; 85 centres nouveaux sont créés ; la construction d'un réseau de voies ferrées est décidée ; depuis 1851, les produits algériens entrent en franchise en France. Malheureusement, des essais tentés avec des Compagnies financières, sous condition de fonder des villages, n'aboutissent pas : ces Compagnies se contentent de louer aux Indigènes, pour le pâturage ou la culture, les excellentes terres qui leur ont été cédées.

67. Mauvaise politique coloniale de l'Empire. — Pendant les dernières années de l'Empire, le mouvement de la colonisation est insensible. C'est l'époque du fameux *Royaume arabe* et de l'assujettissement au régime militaire ; c'est aussi celle des grandes calamités, invasion de sauterelles (1866), sécheresse, famine (1867), choléra (1868) qui font parmi les Indigènes plus de 300 000 victimes et provoquent dans tout le pays la misère et le découragement[1].

68. La colonisation sous le régime civil. — La substitution du régime civil au régime militaire et la fin de la guerre franco-allemande marquent le réveil de la colonisation. Sous l'administration active et éclairée de ses gouverneurs généraux civils, l'Algérie sort enfin des épreuves et des tâtonnements et reçoit, avec une organisation politique de plus en plus conforme à ses besoins et à ses aspirations, le développement économique qu'exige la mise en valeur de ses immenses ressources.

GÉNÉRAL CHANZY

Le premier d'entre eux, l'*amiral de Gueydon*, homme énergique et à l'esprit large, après avoir réprimé l'insurrection de Kabylie, fait concéder 100 000 hectares aux émigrés d'Alsace-Lorraine, crée de nouveaux centres et améliore les anciens.

---

[1]. Le cardinal Lavigerie, archevêque d'Alger, ému d'une situation aussi lamentable, adressa un éloquent appel à la générosité de la France. Les secours qui lui arrivèrent de toutes parts lui permirent de sauver d'une mort certaine de nombreuses familles indigènes.

LA COLONISATION

Le *général Chanzy* donne une impulsion marquée aux travaux publics (chemins de fer, routes, ports) en même temps qu'il favorise les entreprises industrielles et multiplie les établissements d'instruction et de bienfaisance.

Albert Grévy, agrandit le territoire civil et substitue dans le Tell les administrateurs civils aux commandants militaires.

Les gouverneurs *Tirman*, *J. Cambon*, *Lépine*, *Laferrière*, *Révoil* poursuivent et complètent l'œuvre coloniale de leurs prédécesseurs.

M. JONNART
gouverneur actuel
de l'Algérie.

Le gouverneur actuel est *M. Jonnart*, dont les qualités administratives sont hautement appréciées aussi bien dans la colonie qu'au Parlement.

LECTURE — **Hommage aux Français**.

Un jour du mois de janvier 1857, la colonne du général Desvaux passait à Témassin, non loin de Touggourt. Tout le pays était en liesse. Par l'industrie des Français, un puits artésien venait d'être foré dans cette petite oasis; à lui seul il donnait le double de ce que débitaient d'eau tous les puits arabes. Un marabout de l'ordre des Tedjini, un hadj, depuis peu revenu de La Mecque, Si Nameur, présidait à l'inauguration de la source jaillissante; il était fier du succès parce que c'était lui qui avait eu l'honneur de donner le premier coup de sonde. Après avoir salué selon l'usage et remercié le général, il se tourna vers les Arabes et leur dit :

UN PUITS ARTÉSIEN DANS UNE OASIS PRÈS DE TOUGGOURT

« Vous avez été autrefois alarmés lorsqu'on vous annonça l'arrivée des Français dans l'Oued-Righ; mais bientôt vos inquiétudes ont fait place à la joie, car ils venaient non pas pour vous faire la guerre, mais pour vous donner une paix que vous ne connaissiez pas depuis de longues années. Ayez donc de la reconnaissance pour ce gouvernement, et que vos enfants se rappellent ce jour qui leur fournit la preuve des bonnes intentions de la France. Je viens de traverser beaucoup d'États musulmans; j'ai trouvé partout injustice et violence, les routes livrées au brigandage. Je n'ai respiré librement que depuis l'heure où j'ai mis le pied sur le territoire soumis à l'autorité française. »

CAMILLE ROUSSET, *La Conquête de l'Algérie* (Plon, Nourrit et Cie, édit.).

DIXIÈME PÉRIODE

XXI. — L'ALGÉRIE CONTEMPORAINE

69. Expéditions de l'Extrême-Sud. — Depuis quelques années, l'Algérie est devenue le pivot de la politique française en Afrique, politique qui a pour objet de relier entre elles nos possessions du nord, de l'ouest et du centre (Algérie, Soudan, lac Tchad) par la construction d'un chemin de fer transsaharien.

Mais, pour pouvoir assurer la sécurité du *transsaharien*, la France était évidemment obligée d'étendre son influence sur les oasis disséminées le long de la route du Niger et du Tchad.

En 1900, le *Tidikelt* est occupé (entrée du capitaine Pein à *Insalah*); la colonne Bertrand s'empare à son tour d'*Igli* et du *Touat* (combat d'In-Ghar) et les colonnes Ménestrel et Letulle du *Gourara* avec *Timmimoun*. Un corps de troupes sahariennes comprenant quelques compagnies de méharistes[1] est recruté parmi les Indigènes robustes et de bonne conduite pour faire la police du Sud.

En 1903, nos Sahariens sont attaqués dans la vallée de la Zousfana; une compagnie de la Légion presque tout entière est massacrée à *Moungar*. Mais après le terrible combat de *Timmimoun*, où nos morts sont horriblement mutilés, les oasis du Touat et du Tidikelt sont solidement occupées[2].

70. Affaire de Margueritte. — En 1901, éclate l'« affaire de Margueritte », provoquée par le fanatisme indigène habilement et trop aisément entretenu par les marabouts. Trois cents Indigènes, excités par le marabout *Yacoub*, se portent, furieux, sur le village de *Margueritte*, à 125 kilomètres d'Alger, égorgent sur leur chemin une dizaine de personnes et mettent au pillage le village sans défense; l'institutrice, *Mme Goublet*, leur barre résolument l'entrée de son

LES TROUBLES DE MARGUERITTE : ARRESTATION DES MENEURS

---

[1]. Soldats montés sur des méharis, chameaux à grande allure.

[2]. La valeur des oasis est assez minime. Il y a environ un millier de chameaux, des moutons, quelques chèvres; les palmiers (plus d'un million de pieds) constituent la véritable richesse. L'impôt annuel peut donner 300000 francs. La population est de 62000 habitants.

école. De plus en plus surexcités, les révoltés se dirigent sur Miliana ; mais ils se heurtent à une compagnie de tirailleurs qui en tue 16 et fait 150 prisonniers ; les autres parviennent à se sauver dans les montagnes.

71. Événements sur la frontière marocaine. — En 1904, à la suite de nombreux assassinats commis sur les nôtres dans la région de *Figuig* et de l'attentat insolent et audacieux dont est l'objet M. Jonnart, gouverneur général, trois colonnes marchent sur *Zenaga*, qui est détruit par nos canons. Depuis, Figuig est occupé par une garnison mixte (composée de franco-marocains) qui maintient l'ordre et la sécurité.

En 1907, l'assassinat du docteur Mauchamp à Marakech décide le gouvernement français à occuper Oudjda. Puis nous devons engager contre les *Beni-Snassen*, tribu montagnarde essentiellement belliqueuse, une campagne énergique que termine brillamment le général *Lyautey*.

Dans les premiers mois de cette année (1908) le général *Vigy* disperse une forte harka[1] qui s'est formée dans la haute Moulouïa (combats de *Menabba* et de *Bou-Denib*).

Enfin, au mois de septembre, une nouvelle harka forte de 15000 hommes qui s'est formée dans le Tafilalet et menace notre frontière sud-oranaise est mise complètement en déroute, près de *Bou-Denib*, par le colonel *Alix*.

LECTURE — **Un poste militaire dans le Sud-Oranais : Beni-Abbès.**

Le poste militaire de Béni-Abbès, qui se trouve à 200 kilomètres au sud de Colomb-Béchar, fut construit en 1901. Les logements sont spacieux, aérés et, pour la plupart, munis de vérandas et de double toiture (la température atteint 50 degrés à l'ombre l'été). Des terrasses, d'où le regard s'étend très loin, l'on jouit d'une vue splendide sur la vallée, l'oasis et les grandes dunes ; c'est là que l'on déjeune l'hiver, au soleil, et que l'on dîne l'été, sous les étoiles. La garnison s'est ingéniée à se rendre l'existence supportable : des jardins ont été créés et, au grand ébahissement des Indigènes, qui ne récoltent que des dattes, des courges, du mil et du sorgho, nos soldats cultivent avec succès pommes de terre, carottes, choux, salades, tomates, salsifis, même de la vigne. Des volailles apportées non sans peine à dos de chameau se sont très bien acclimatées. Ces travaux et distractions joints à des exercices militaires intéressants et variés entretiennent dans la petite garnison des hommes vigoureux, gais, dispos, alertes de corps et d'esprit, toujours sur le « qui-vive », prêts à se défendre contre les bandes de pillards marocains constamment en quête de nouveaux méfaits et de nouvelles surprises. D'après l'*Illustration*.

1. Corps de troupes organisé pour un coup de force.

DIXIÈME PÉRIODE (suite)

XXII. — L'ALGÉRIE CONTEMPORAINE (Suite)

72. Rôle civilisateur de la France. — Sous l'impulsion de sa haute administration, l'Algérie, œuvre de notre vaillante armée et de nos laborieux colons, maîtresse de ses destinées et pourvue des moyens d'action nécessaires, travaille dans l'ordre et la paix à sa prospérité, tout en remplissant auprès du peuple indigène sa mission civilisatrice. Actuellement, sa vie économique est en pleine voie de développement.

L'agriculture tire des vastes espaces livrés à la colonisation des produits rémunérateurs. De nombreux villages se créent, substituant à l'insuffisance de l'exploitation indigène des cultures prospères ; l'élevage s'améliore ; les arbres fruitiers se multiplient ; les forêts, mieux protégées, se reconstituent.

Favorisé par un important réseau de chemins de fer, de routes, par l'amélioration des ports et des services maritimes, le commerce tant intérieur qu'extérieur donne lieu à un fort mouvement d'affaires (près de 700 millions). L'Algérie est un fournisseur et un client important de la métropole (500 millions d'échanges).

L'industrie, longtemps stationnaire, tend à prendre son essor (minoteries, matériaux de construction, exploitation des mines, etc...).

Grâce à ces conditions favorables, la population tant européenne qu'indigène s'accroît rapidement ; elle dépasse aujourd'hui 5 millions d'habitants (exactement 5 234 000).

Le sort des Indigènes va s'améliorant au fur et à mesure que se développe la vie économique et sociale du pays. Bon nombre d'entre eux trouvent dans l'agriculture et les industries locales une main-d'œuvre suffisamment rémunératrice ; ceux qui vivent du produit de leurs terres abandonnent peu à peu les moyens primitifs de culture et, s'inspirant de l'exemple des colons, améliorent leurs instruments et leurs pratiques agricoles.

En même temps s'accomplit dans la population indigène une œuvre de rénovation morale et sociale due à une administration plus juste et plus généreuse jointe à l'action de l'école et à celle de nombreuses institutions de protection et de prévoyance.

La France peut être justement fière de l'Algérie, cette France nouvelle, véritable prolongement de la Mère-Patrie, et ce n'est pas sans raison que l'explorateur allemand Rohlfs a pu dire : « Quiconque a vu les prodigieux travaux exécutés par les Français en Algérie n'éprouvera que de la pitié pour ceux qui, en présence de toutes ces œuvres admirables, oseraient prétendre que les Français ne savent pas coloniser ».

L'ALGÉRIE CONTEMPORAINE

LECTURE — Les terres de colonisation.

Les terres de colonisation peuvent être attribuées de deux façons : 1° par des concessions gratuites ; 2° par des ventes à bureau ouvert.

CONCESSIONS. — Elles peuvent être accordées gratuitement aux Français ou Européens naturalisés, de préférence aux chefs d'une nombreuse famille, cultivateurs de profession et possédant des ressources suffisantes pour mettre en valeur leur concession et vivre en attendant la récolte. Leur superficie peut atteindre 200 hectares. Une résidence personnelle de 10 ans est imposée au concessionnaire. Toutefois celui qui, au bout de 5 ans de résidence personnelle, aura construit des bâtiments d'une certaine importance et réalisé des améliorations utiles et permanentes dont le montant lui aura été indiqué dans l'acte de concession, pourra être affranchi de l'obligation de résidence personnelle. Pendant un délai de 10 ans à partir de la mise en possession, les terrains concédés ne pourront être loués à des Indigènes. Le concessionnaire doit exploiter personnellement sa concession.

VENTES A BUREAU OUVERT. — Elles ont lieu au bureau des domaines

L'AGRICULTURE MODERNE EN ALGÉRIE

du chef-lieu du département. Préalablement à la signature de l'acte, l'acquéreur doit signer une déclaration portant qu'il est Français d'origine européenne ou Européen naturalisé, qu'il jouit de ses droits civils et qu'il n'a jamais été concessionnaire ou acquéreur, à quelque titre que ce soit, de terres de colonisation. Chaque acquéreur ne peut, d'ailleurs, acheter qu'un seul lot. Le mode de paiement du prix d'achat est fixé par des clauses spéciales à chaque centre de colonisation.

L'acquéreur doit, dans un délai de six mois à dater du jour de l'achat, transporter son domicile sur la terre acquise, y résider avec sa famille d'une façon effective et permanente pendant les 10 années qui suivent sa mise en possession, ou bien se substituer une famille française d'origine européenne. Il lui est interdit, pendant cette même période, de louer ses terres à des Indigènes sous peine de l'annulation de la vente. Sous la même sanction, il lui est interdit de revendre ses terres à d'autres qu'à des Français d'origine européenne ou à des Européens naturalisés avant l'expiration d'un autre délai de 10 ans à dater du jour où il a satisfait aux obligations de résidence et d'exploitation. En cas de décès, l'obligation de résidence peut être remplie par un de ses héritiers. L'acquéreur qui a satisfait pendant trois ans au moins aux conditions énoncées ci-dessus peut céder ses terrains à tout Français d'origine européenne ou à tout Européen naturalisé qui jouit de ses droits civils et n'a jamais été acquéreur, concessionnaire ou cessionnaire, à quelque titre que ce soit, de terres de colonisation.

Celui qui réside personnellement et qui a effectué sur ses terres des améliorations déterminées peut bénéficier d'une remise sur le prix de vente et d'une réduction sur la durée de la résidence.

C. JONNART, *Exposé de la situation générale de l'Algérie* (Heintz, Alger, édit.)

APPENDICE

SUJETS DE DEVOIRS

1. En quoi les Kabyles ressemblent-ils et diffèrent-ils de leurs ancêtres, les premiers Berbères ?
2. A quelles causes les Carthaginois durent-ils : 1° leur richesse et leur puissance ; 2° leur décadence et leur ruine ?
3. Principales ruines romaines en Algérie. Réflexions qu'elles inspirent.
4. Expliquez l'expression « vandalisme » (sens propre et sens figuré).
5. Comment se manifeste encore de nos jours l'influence de la domination arabe en Algérie ?
6. Comparez l'état de l'Algérie sous la domination turque et sous la domination romaine.
7. Décrivez la capture d'un vaisseau marchand par un vaisseau pirate. Sort des captifs.
8. Racontez la marche des Français sur Alger.
9. Portrait d'Abd-el-Kader.
10. Exposez les causes des succès militaires d'Abd-el-Kader.
11. Exposez la tactique militaire du maréchal Bugeaud. A quel grand général de l'antiquité peut-il être comparé ?
12. Exposez les difficultés rencontrées par les Français dans la conquête de la Kabylie.
13. Décrivez une insurrection en pays colonisé.
14. Racontez la vie des premiers colons.
15. Quelles sont les périodes les plus malheureuses de l'histoire de la colonisation ?
16. Racontez l'œuvre des principaux colonisateurs.
17. Histoire d'un village de colonisation (Exemple : X...).
18. Qu'est-ce que le « transsaharien » ? Quel intérêt la France a-t-elle à sa construction ?
19. Expliquez les expressions : terres et centres de colonisation, concession, — personnalité civile, autonomie financière, — pénétration saharienne, question marocaine.
20. Indiquez les origines et les principaux caractères des populations de l'Algérie.
21. Comparez, au point de vue de leur organisation, l'administration civile et l'administration militaire.
22. Les Indigènes ont-ils gagné ou perdu à la conquête de l'Algérie par les Français ?

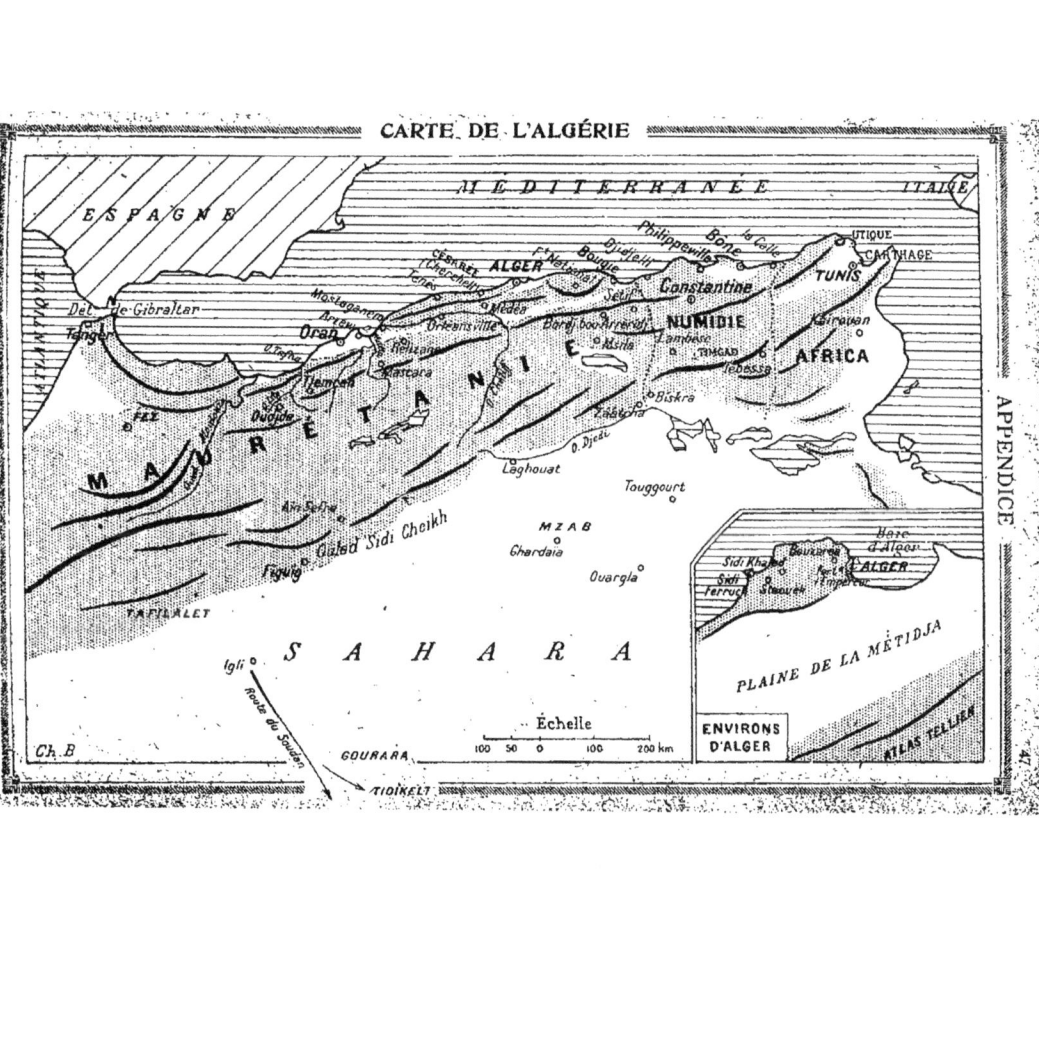

APPENDICE

RÉSUMÉ CHRONOLOGIQUE

Origines.	Les Berbères.
9ᵉ siècle av. J.-C. . . .	Les Phéniciens; Carthage.
146 av. J.-C.	Ruines de Carthage; domination romaine.
5ᵉ et 6ᵉ siècles ap. J.-C. .	Invasion vandale; domination byzantine.
7ᵉ siècle ap. J.-C. . .	Domination arabe.
16ᵉ siècle ap. J.-C. . .	Domination turque.
19ᵉ siècle ap. J.-C. . .	La France en Algérie.
1830	Entrée des Français à Alger. (5 juillet).
1833-1847	Lutte contre Abd-el-Kader.
1835.	Échec de La Macta.
1836.	Victoire de La Tafna.
1837.	Prise de Constantine.
1843.	Prise de la Smala d'Abd-el-Kader.
1844.	Traité de Tanger.
1849	Conquête du Sahara.
1857	Conquête de la Kabylie.
1864-1882	Insurrections. — Pacification progressive.
1870.	Institution du Gouvernement général civil.
1900-1908	Conquête des oasis du Sud-Oranais.

TABLE DES MATIÈRES

I. PREMIÈRE PÉRIODE. — Les origines de l'Algérie. — Époque berbère. 2
II. DEUXIÈME PÉRIODE. — Époque phénicienne. — Carthage 4
III. TROISIÈME PÉRIODE. — Domination romaine 6
IV. TROISIÈME PÉRIODE (suite). — Domination romaine (suite) 8
V. QUATRIÈME PÉRIODE. — Invasion vandale. — Conquête byzantine 10
VI. CINQUIÈME PÉRIODE. — Domination arabe 12
VII. CINQUIÈME PÉRIODE (suite). — Domination arabe (suite) . . . 14
VIII. SIXIÈME PÉRIODE. — Domination turque 16
IX. SIXIÈME PÉRIODE (suite). — Domination turque (suite) 18

LA FRANCE EN ALGÉRIE

X. SEPTIÈME PÉRIODE. — Expédition d'Alger 20
XI. SEPTIÈME PÉRIODE (suite). — Débuts de la conquête 22
XII. SEPTIÈME PÉRIODE (suite). — Débuts de la conquête (suite) . . 24
XIII. SEPTIÈME PÉRIODE (suite). — Continuation de la conquête . . 26
XIV. SEPTIÈME PÉRIODE (fin). — Fin de la guerre 28
XV. HUITIÈME PÉRIODE. — Extension de la conquête 30
XVI. NEUVIÈME PÉRIODE. — Les insurrections 32
XVII. L'ADMINISTRATION. — L'organisation administrative de la conquête à nos jours . . . 34
XVIII. L'ADMINISTRATION (suite). — L'organisation administrative de la conquête à nos jours (suite) . . 36
XIX. LA COLONISATION 38
XX. LA COLONISATION (suite) . . 40
XXI. DIXIÈME PÉRIODE. — L'Algérie contemporaine 42
XXII. DIXIÈME PÉRIODE (suite). — L'Algérie contemporaine (suite) . . 44

Sujets de devoirs 46
Carte de l'Algérie 47
Résumé chronologique 48

62.812. — Imprimerie LAHURE, rue de Fleurus, 9, Paris.

www.ingramcontent.com/pod-product-compliance
Lightning Source LLC
Chambersburg PA
CBHW060937050426
42453CB00009B/1057